JN014131

教えて！

働くなら知っておきたい法律の知識

労働法講義

砂押 以久子 著

自由国民社

はじめに

本書は、これまで労働法を学んだことのない働く皆さんに向けて、労働法の全体的な姿をわかりやすく解説することを目指したものです。いやいやそれだけではありません。これから労働法を学ぼうとする学生さん、あるいは、労働法を学びはしたけど、難しくて全体がつかめない、要するに「労働法、よくわからない」と嘆いている皆さんにも、「ああ、なるほど、そうだったのか、やっとわかった」と言っていただけることも目的としております。

本書が、大学の先生が学生に労働法を教えるというスタイルを取ったのも、両者の対話が進んでいく中で、働く上で生じるさまざまな問題について、どのような解決法があるのか学びながら、労働法の知識全体を身につけていただくことを狙ったためです。そして、まだ法律の知識をもたない学生が、一般人の目線で先生に問いかけ、先生がそれに答えることで、法律を学んだ経験のない方も、理解しやすくなるはずと考えたからでもあります。ですから、法律家しかわからないような法律的表現を避け、どうしても法律用語を用いらざるを得ないところに関しては、その法律用語の意味を詳しく説明するという方法を取りました。

ところで、仕事について聞かれますと、「大学で労働法を教えています〔注〕ほかに日本国憲法も教えていますが…」」と申します。すると、ほとんどの方が、『なんか小難しそうなつまらなそうなものを教えているんだなあ』という顔をされます。どうも世の中には、労働法と聞いただけで、面倒くさそうで思わず敬遠したくなるような、そんな空気があるようです。

でも、こんな不安ありませんか？「採用内定、取り消されるんじゃないかなあ？」逆に「採用内定通知書に署名して送り返しちゃったけど、取り消しても大丈夫かしら？」「長時間労働で心身ともにすり減ってしまった。このままじゃ、俺は病気になる」「残業代、もらってないよ～」「勝手に給料天引きされちゃった」「年休なんてとても取れないよ」「赤字を理由に賃金カットされちゃった」「転勤を命じられたけど、行きたくないよ～」「これで懲戒？　おかしくない？」「正社員とまったく同じ仕事をしているのに、何この待遇格差」「仕事のせいで病気になったけど、どうしたらいいの？」「この国で子供を育てていくのって大丈夫なの？」「女だからって何よ！」「これってハラスメント？」「会社が赤字続きでいつクビにされるかわからないよ～」「退職後の転職になんで文句付けられなきゃならないわけ？」などなど。

このようなことで悩める方々をお助けするのが労働法なんです。労働法の知識をもつかもたないかで人生が違ってきます。この本を通じて、労働法が、皆さんにとっていかに身近なものであるか、そして、その知識が働く上でいかに役に立つか感じ取っていただけたら、嬉しい限りです。さあ、それでは、前置きはこのくらいにして、さっそく始めることといたしましょう。

目次

はじめに 002

第1章 労働法って何？ 013

・労働法ってなんで学ぶ必要があるの？ 014
・法によるルール 019
・労働契約とは？ 025
・労基法や労契法が適用される「労働者」とは？ 029
・社内のルール—就業規則・労働協約・労働契約 034

第2章 採用から入社まで 041

・労働契約締結時の労働条件の明示義務とは？ 042
・採用内定を取り消されちゃったらどうしよう？ 044
・中途採用者の採用内定取消はどうなるの？ 050
・採用内定者からの採用内定取消ってできるの？ 052
・試用期間中の本採用拒否って許されるの？ 053

第3章 働いたことの見返り …… 057

・賃金とは？ 058
・平均賃金って何？ 061
・最低賃金とは？ 062
・賃金支払に関する4つのルール 066
・休業手当―会社の都合で休んだ場合、賃金はどうなるの？ 072
・退職金と賞与ってもらえない場合があるの？ 076

第4章 働く時間 …… 079

・法定労働時間・休憩・休日ってどのように決められているの？ 080
・労基法上の労働時間とは？ 083
・時間外・休日労働にはどういう規制がなされているの？ 086
・労働時間規制違反とされたらどうなるの？ 094
・名ばかり管理職って？ 097
・労働者には時間外労働義務があるの？ 101

・労働時間のみなし制―働いたとみなす制度 103
・「働き方改革」で導入された「高度プロフェッショナル制度」 110
・弾力的労働時間制―変形労働時間制・フレックスタイム制 114
・複数の会社で働く労働者の労働時間ってどうカウントされるの？ 118

第5章 休むための原則 121
・年次有給休暇―休みたいときに休めるの？ 122

第6章 労働条件は変えられるの？ 131
・労働条件の変更についての合意原則 132
・就業規則を使って労働条件を引き下げることはできるの？ 136
・労働協約を使って労働条件を引き下げることはできるの？ 143

第7章 人事権ってどう使われるの？ 147
・人事異動―配転・出向・転籍 148

・配転させることはできるの？ 150
・出向させることはできるの？ 157
・転籍させることはできるの？ 163
・休職させることはできるの？ 復職は？ 164
・在宅勤務をめぐる問題とは？ 169

第8章 職場の規律・秩序を守るためには …… 173
・懲戒処分を行うには？ 174
・懲戒処分ってどんな種類があるの？ 177
・懲戒事由—懲戒処分の対象となる行為とは？ 181
・懲戒権濫用になる場合とは？ 188

第9章 安全・健康に働くために …… 193
・労働安全衛生法—労働者が健康に働くための予防措置とは？ 194
・労災保険制度—労働者が被災した場合の事後的措置とは？ 199

目次

・複数事業労働者の労災保険給付・労災認定 208
・労災保険制度とは別に行える損害賠償請求 211

第10章 家庭と仕事の両立 219
・労基法上の母性保護はどのように図られているの? 220
・育児・介護を行う労働者への支援ってどんなもの? 225

第11章 差別のない職場に 233
・職場における男女平等―男女雇用機会均等法 234
・性的少数者(LGBTQ)の訴えは? 240

第12章 どこからがハラスメント? 245
・セクシュアル・ハラスメント 246
・マタニティ・ハラスメント 253
・パワー・ハラスメント 258

第13章 働くことを辞めるとき、辞めさせるとき……263
・労働契約の終了事由ってどんなものがあるの？ 264
・解雇―民法の原則（解雇の自由）と法令上の規制 266
・解雇―解雇権濫用法理で解雇が無効になるのはどんな場合？ 270
・整理解雇―リストラはどんなときできるの？ 274
・解雇が無効とされたらどうなるの？―労働契約関係の継続など 279
・期間の定めのある労働契約の終了―途中解約・雇止め 285
・辞職・合意解約の意思表示とは？ 290
・定年制についての規制とは？ 296

第14章 退職および退職後……299
・退職（解雇等を含む）時等の証明書 300
・退職後のトラブル―秘密保持義務違反・競業避止義務違反・引き抜き 302

第15章 非正規雇用で働く人を守るために……307

・非正規雇用の待遇改善の強化が図られているってホント？ 308
・パート・有期労働法ってどんな法律？ 310
・無期労働契約への転換はどのような場合できるの？ 317
・労働者派遣はどのように規制されているの？ 321

第16章 労使トラブルを解決するために

第16章 労使トラブルを解決するために …… 329
・個別的労働関係紛争処理システム──労基法違反・労働契約をめぐる紛争の解決 330
・集団的労働紛争処理システム──労働組合活動の支援 337
おわりに 342

略語一覧

- **安衛法** ……………… 労働安全衛生法
- **育介法** ……………… 育児休業、介護休業等育児又は家族介護を行う労働者の福祉に関する法律（育児介護休業法）
- **憲法** ………………… 日本国憲法
- **高年法** ……………… 高年齢者等の雇用の安定等に関する法律（高年齢者雇用安定法）
- **均等法** ……………… 雇用の分野における男女の均等な機会及び待遇の確保等に関する法律（男女雇用機会均等法）
- **健保法** ……………… 健康保険法
- **個別労紛法** ………… 個別労働関係紛争の解決の促進に関する法律（個別労働関係紛争解決促進法）
- **雇保法** ……………… 雇用保険法
- **最賃法** ……………… 最低賃金法
- **障害者雇用促進法** … 障害者の雇用の促進等に関する法律
- **職安法** ……………… 職業安定法
- **パート労働法** ……… 短時間労働者の雇用管理の改善等に関する法律
- **パート・有期法** …… 短時間労働者及び有期雇用労働者の雇用管理の改善等に関する法律（パート・有期労働法）
- **派遣法** ……………… 労働者派遣事業の適正な運営の確保及び派遣労働者の保護等に関する法律（労働者派遣法）
- **労基法** ……………… 労働基準法
- **労契法** ……………… 労働契約法
- **労災法** ……………… 労働者災害補償保険法（労災保険法）
- **労組法** ……………… 労働組合法

第1章

労働法って何？

労働法ってなんで学ぶ必要があるの？

労働法の誕生

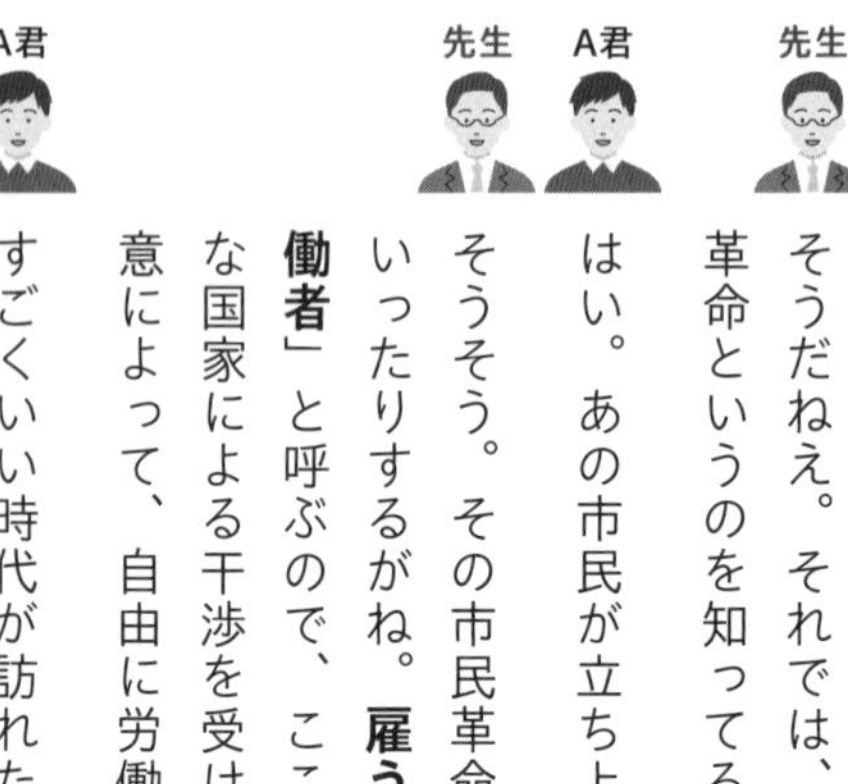

A君　先生、労働法ってなんで学ぶ必要があるんでしょうか？

先生　そうだねえ。それでは、まずは、労働法の誕生から話し始めることにしよう。君は市民革命というのを知ってるよね。

A君　はい。あの市民が立ち上がって、王制を倒したやつですよね。

先生　そうそう。その市民革命後、市民は自由平等を手に入れることができたんだ。市民法といったりするがね。**雇う側**、これを労働法では、「**使用者**」と呼び、**雇われる側**を、「**労働者**」と呼ぶので、ここからは、この言葉を使うこととするが、それまでにあったような国家による干渉を受けることなく、市民として対等な立場にある労働者と使用者が合意によって、自由に労働契約を結ぶことのできる時代が訪れたわけだ。

A君　すごくいい時代が訪れた感じがしますけど、でもどうでしょう。雇う側の会社と雇われる側の個人では、明らかに力の差がありますよね。

先生　そこなんだ。市民法により、「契約の自由」が確保されたわけだが、これは、契約するもしないも自由、その中身も自由、辞めるのも辞めさせるのも自由というものなんだ。たいして考えなくたって、これじゃあ圧倒的に労働者側が不利ってことになることがわかるよね。いつクビになるかわからない中で、使用者の提示する低賃金、長時間労働で働かざるを得なくなるわけだ。辞める自由はあるけど、辞めたら食べていけないんだから、労働者にある自由っていうのは、「飢える自由」ってことになる。一方、会社の方は、労働者に辞められたって、また別の労働者を雇えば済むんだから、痛くもかゆくもない。

A君　あっ！　わかりました。そこで登場したのが労働法なんですね。そんなふうに弱い立場に置かれている労働者を国家としてただただ放置しておくわけにはいきませんもんね。

先生　そう。そういうことで、労働法は誕生したというわけだ。

集団的労働関係法

先生　それじゃあ、どうやって労働者保護を図るか、方法論ってことになるよねえ。ところで、こんなことないかい？　電車とかで、大人数の高校生がどやどや乗ってきて、大声で騒いでいて、『うっさいなあ〜』って思うとき。でも、少しずつ電車から降りて、最後、ひとりになると、すごくおとなしくなったりするよね。あれだよ。要するに、人間ひとりじゃ弱いけど、大勢でつるむと気が強くなるってやつ。ひとりじゃ何も言えないし、相手にもされないけど、団結すれば、強くなる。幸い労働者は数だけはいる。団結して団体交渉を行い、使用者に要求する、そして、要求が通らないときは、ストライキで対抗しようとすれば、使用者だって、真剣に考えざるを得なくなる。じゃあ国家として、何ができる？　これからは労働者が団結できるようにしよう、ストライキを起こすことができるようにしよう、つまり、それまで国家が禁止していた**労働者の団結**や**争議行為**を国家が許すことにしたんだ。そして、それだけじゃない、**不当労働行為**といって、使用者が労働組合の行為を阻害しようとしたとき、それを強制的にやめさせることのできる制度が作られたんだ。つまり、労働組合の活動を積極的に支援する制度ということができるよね。こういうのを、**集団的労働関係法**というんだ。そこで代表的な法律が、**労働組合法**という法律なんだ。この法律は、よく**労組法**とも呼ばれているよね。

個別的労働関係法

でも、先生、みんながみんな団結できるわけじゃないし、組合に入るには、組合費も払

わなきゃならないし、そこから取りこぼされる人達出てきませんか？

そうなんだよね。だから、労働組合などを結成できないような労働者のためには、**立法**による労働条件の保護が必要となってくるわけだ。このような立法による保護が、児童や女性を対象とする労働時間規制に始まったことからもそのことが窺われるね。今は、働く人たちすべてを保護の対象としているわけだけどね。こういうのを、**個別的労働関係法**というんだ。その代表格が、**労働基準法**だ。この法律は、よく**労基法**と呼ばれるものだ。このほかに、労働者の保護の必要性を踏まえつつ労働関係のルールを定める**労働契約法**、これを、**労契法**と呼ぶが、そういった法律がたくさん制定されている。

労働市場法

ところで、最近では、労働者保護のあり方として、第3の分野ともいうべき、**労働市場法**も注目を集めている。雇用政策法とも呼ばれる。その代表的な法律が、**職業安定法**だ。**職安法**などというがね。そのほかに、労働者派遣法や雇用保険法などがある。多様なニーズに即した就職・採用を促すシステムや、労働力の移動をサポートする体制の確立、女性や高齢者についての雇用の促進、失業対策など、この分野も労働者保護の観点において重要な役割を担うものだ。

A君

これから働こうとする人たちや仕事を失ってしまった人を支援することも労働法の大切な役割なんですね。

先生

そうだね。今後ますますこの分野の重要性が増すと考えられている。

労働法は労働者保護法規の集合体

先生

ところで、**労働法**は、民法や刑法みたいに、名称通りの法律があるわけじゃないんだ。さっきあげたように、国が、あの手この手で、労働者を守る法律を沢山作ってきているんだ。その**総称**を労働法というんだ。

A君

これまで、お話を伺って、労働法が、労働者を守るための法律だということがよくわかりました。だから、働く人にとって、労働法は学ぶ必要があるというわけですね。

先生

労働法を学ぶ必要性が理解できたようだね。それでは、先に進めることにしよう。

法によるルール

憲法と労働法の関係

先生

最初に、憲法と労働法の関係ついて、簡単にみていこう。まず、憲法25条が「すべて国民は、健康で文化的な最低限度の生活を営む権利を有する」と定める生存権は、労働法の根底にある理念であると考えられている。そして、憲法27条1項が「勤労の権利」を定めているんだが、これにより、国家には、国家政策による**労働市場法**の整備が求められているといえる。また、憲法27条2項の「勤労条件に関する基準は、法律でこれを定める」との規定により、労働者保護のための法律が多数制定されている。前にも触れた労基法や労契法、ほかにも、男女雇用機会均等法や育児介護休業法など、たくさんの法律がある。これは、**個別的労働関係法**にあたるものだ。最後に、憲法28条は労働基本権を定め、労働者の団結権、団体交渉権、団体行動権のいわゆる「労働3権」を保障している。ここから、**集団的労働関係法**が展開されることになるわけだ。

A君

前回やった労働法の3つの法領域は、すべて憲法に基づいているっていうことですね。

任意法規と強行法規

先生

そういうことだね。では、次に、**強行法規**について説明しよう。法令には、任意法規と強行法規というものがある。任意法規とは、当事者の意思によって、「自分たちにはこの法律のこの条文は適用しないでおこうね」ということが許される法規のことをいう。これとは反対に、当事者の意思に左右されずに**強制的**に**適用**される法規のことを、強行法規という。前にやったように、契約自由だと労働者が圧倒的に不利になる。そこで、強行法規の登場ということになるわけだ。一定基準を下回る労使の合意を許さない、法律で、強制的に介入して、それをやめさせる。そういう強い力をもった法律が必要となるんだ。典型的には、労基法があげられる。

A君

じゃあ、労基法に違反した労働契約は、全部なくなっちゃうってことですか？

先生

労働契約がなくなって一番困るのは、頑張って就職した労働者の方じゃないか。だから、労働契約自体は無効にはしないんだ。労働契約で定められた労働条件のうち労基法の基準に達しない部分が無効となって、労基法の基準に置き換わるってことだ（労基法13条）。歯が虫歯になって、歯を抜いちゃえばすっきりするけど、歯が無くなると困るよね。そこで、虫歯の部分を削って、詰め物をするじゃない。それと同じさ。

A君

つまり、労基法の内容に反する部分が無効にされちゃうってことは、そもそも労基法に反する内容の労働契約を結ぶことはできないっていうことになりますよね。

先生

労使協定による法規制の免除

そういうことになるね。それでは、ここで、**労使協定**についても触れておこう。労使協定とは、使用者と、**事業場の労働者の過半数を組織する労働組合**、それがない場合には、**事業場の労働者の過半数を代表する者**との書面による協定のことだ。労使協定には、強行法規である労基法などの法規制を免除してもらえる効果が認められているんだ。

え？　労使協定って、労使の合意ですよね。合意で強行法規を免れられるんですか？
さっき言われたことと矛盾しませんか？

その理由としては、集団的合意により、個別交渉における労働者の交渉力の弱さが補われるからだといわれている。だから、労働者の過半数代表については、純粋に労働者を代表する者でなくてはならず、使用者の意向に基づき選出されたような者であってはならないなどとされているんだ。また、**過半数代表者**は、アルバイトなどの非正規社員も含めた**事業場の全労働者から選出された者**でなくてはならない。この点について、事業場の正社員の過半数を組織する労働組合との協定でいいんだと思い込んでる使用者がよくいるので、注意が必要だ。労使協定は、これから、時間外労働など、さまざまな局面で登場してくるから、ここでしっかり押さえておいて欲しい。

特別法と一般法

先生

次に、特別法と一般法に関するルールについて考えてみよう。**特別法**は、**一般法に優先する**とされている。一般法とは、個人間（私人間）で一般的に適用される法のことをいうんだ。民法がその代表格だ。これに対して、特別法というのは、適用対象がより特定されている法律のことをいうんだ。民法には、623条から「雇用」についての定めがある。その中で、民法627条1項は、「当事者が雇用の期間を定めなかったときは、各当事者は、いつでも解約の申入れをすることができる。この場合において、雇用は、解約の申入れの日から2週間を経過することによって終了する」と規定している。これに対して、労基法20条1項は、「使用者は、労働者を解雇しようとする場合においては、少くとも30日前にその予告をしなければならない。30日前に予告をしない使用者は、30日分以上の平均賃金を支払わなければならない」と規定している（↓P268）。

A君

あれ？　民法の方は、各当事者だから、労働者と使用者ということですよねえ。とすると、労働者はいつでも辞められて、使用者はいつでも労働者を辞めさせることができて、労働者が辞めようとする日、あるいは、使用者が辞めさせようとする日の2週間前にそれを言えばいいということですよね。これに対して、労基法の方は、労働者については何も書いてなくて、使用者が労働者を解雇する場合、辞めさせようとする日の30日前に言わなければならなくて、30日前に言わない場合は、30日分以上の平均賃金を払わなければならないってことですよね。使用者の方に関して、民法との矛盾がありますね。

先生

労基法は誰に適用される？

A君

労働者と使用者に適用される法律なんじゃないんですか。

先生

そう。つまり、**労基法**は、労働者と使用者に限定して適用される法律だから、**特別法**ということになる。同じ定めが、民法と労働法にあった場合には、特別法である労働法の方が適用されることになるんだ。だから、この場合、労働者には、労基法に何の定めもないから、民法の定めが適用され、使用者には労基法の定めがあるから、労基法の定めが適用されるということだ。

A君

なるほど。ところで、労基法の条文だけをみると、使用者は、解雇について、30日前に言いさえすれば、あるいは、30日分の平均賃金を支払いさえすれば、労働者を簡単にクビにできるような感じがしますけど、使用者ってそんなに簡単に労働者をクビにできないんじゃないんですか？

先生

判例法理

そう、それに関連することなんだけど、おもに**最高裁**が判断を下す中で、**判例法理**というルールが形成されることも、労働法においては、重要なことなんだ。君が指摘するように、この国では、使用者が簡単に労働者をクビにはできないことになっているよね。今は、法律ができたけど、かつて、さっきの解雇自由の民法の条文しかなかったときにも、労働者を簡単にクビにはできなかったんだ。判例法理が、使用者の解雇権の行使を制限したからなんだよ（日本食塩製造事件・最高裁第2小法廷昭和50年4月25日）（↓P267）。

A君

へえ〜。法律が解雇自由って言ってるのに、真逆のことを言って通るんですね。

先生

まあ、真逆っていうとちょっと違うと思うけど、でも、実質的には、民法の立法者が予定していた状況とは異なる状況を最高裁が認めたとはいえるのかもしれないね。解雇については、後で詳しく説明することになるから、あくまでここでは、判例法理が大きな力をもつということを理解してくれればいいということだ。

legal knowledge

労働契約とは？

労働契約はどのように成立する？

まず、労働契約ってどういう契約かというところからみていこう。先ほど言ったように、民法には、「雇用」についての規定がある（民法623条以下）。民法で規定されている雇用契約については、労働契約と同じものと考えて差し支えないとされている。労契法6条を読むと、次のように書いてある。「労働契約は、労働者が使用者に使用されて労働し、使用者がこれに対して賃金を支払うことについて、労働者及び使用者が合意することによって成立する」。だから、使用者と労働者が**合意**することによって**労働契約は成立**するということになる。特に「契約書」が要るわけじゃないんだ。

えっ！　契約書とか作成しなくてもいいんですか？

うん。口約束でもいい。例えば、八百屋に貼り紙がしてあって、「アルバイト募集：時給1200円、勤務時間16時から19時」とあったとしよう。これを見た近所の娘さんが八百屋のおばさんに、「明日からおばさんのところで働きたいんだけど、いい？」と言い、これに対して、おばさんが「それは助かるわ。明日から来てね。よろしくね」と言ったとする。これで、おばさんと娘さんの間では、貼り紙の労働条件で合意して、その内容で労働契約は成立したってことになる。

A君 もっと堅苦しいものかと思っていました。

先生 堅苦しいのは、労基法が、労働契約締結時に労働条件の明示義務（↓P42）などを課しているからで…まあ、これについては、後で改めて触れることにするが…労働契約自体は、これで成立することになる。

労働契約の中心的義務とは？

先生 さっきの例をみてもわかるように、娘さんは明日から働くことは決まったけど、具体的な仕事内容は契約上決まっていないよね。これは、労働契約の特徴で、「○年○月○日○時にこの仕事をしてもらいます」と初めから決めておくことができないからなんだ。

A君 確かに。普通の契約だったら、契約内容見て納得してから合意しますよね。じゃないと不安じゃないですか？　でも、労働契約では、それって無理ってことですね。

先生

そう。労働契約では、おおまかな内容は合意されるけれど、細かい点についてあらかじめは決めることはできない。実際に労働者が働く中で、使用者が労働者の具体的な仕事を決めていくことになるんだ。このように、労働者に対し、具体的に命令する使用者の権限を**指揮命令権**と呼ぶ。使用者は、指揮命令権を使って、労働義務の内容をその都度具体化していくわけだ。労働者はその命令に従って労働するってことになる。

A君

でも、それだととんでもない命令を出されてしまいそうで、ちょっと怖いですよね。

先生

もちろん、歯止めはかかっている。労働者は、労働契約で決められた大枠の範囲を超えて労働義務を負うことはないんだ。それを超えた場合、使用者は、指揮命令権を濫用したことになり、その命令は無効になる（権利濫用、労契法3条5項）。その典型的事例として、生命の危険を伴う海域への出航命令が無効にされた事件がある（日本電信電話公社事件（千代田丸事件）・最高裁第3小法廷昭和43年12月24日）。その他、いじめのような労働者を不当に痛めつけるような命令も無効になる。

A君

そうですか。なんか安心しました。なんでもかんでも許されるっていうわけじゃなくて。

先生

そこにはちゃんと歯止めがかかっているわけだ。

労働契約に付随する義務とは？

先生

ところで、労働契約は特に正社員の場合、長期間継続する関係だから、当事者の信頼関係がとても重要になる。だから、**労働者**は、使用者の利益を不当に侵害してはならない義務を負う。これを**誠実義務**という。誠実義務の中には、秘密保持義務（↓P302）や競業避止義務（↓P303）などもある。秘密保持義務というのは、労働者が職務上知りえた企業秘密を洩らさない義務であり、競業避止義務というのは、労働者が、会社に勤めている間、競合する会社で働いてはならない義務のことをいう。このような義務は、労働契約の主たる義務ではないので、労働契約に付随する義務、**付随義務**と呼ばれる。**使用者**も、事故を防止したり、労働者の生命・身体に危険が及ばないように配慮する**安全配慮義務**（労契法5条）（↓P212）などを負っている。

A君

ああ、なるほど。労働契約の義務って、ただ、労働者が仕事をして、使用者が賃金を払うっていうことだけじゃないということですね。労働契約においては、相手の利益を尊重したり、相手の身の安全を確保したり、いろいろ配慮したり、労働者と使用者には、そういう義務も課されているってわけですね。労働契約の特徴がよくわかりました。

先生

では、それらの個々的な義務の詳細については、それぞれの箇所で話すこととしよう。

legal knowledge

労基法や労契法が適用される「労働者」とは？

先生

正社員ばかりじゃない

労基法や労契法などの法律っていうのは、「労働者」を守るためにあるんだったね。となると、その「労働者」だって認められることには、大きなメリットがあるってことだよね。じゃあ、ここでは、その「**労働者**」について考えてみることにしよう。まず、労基法9条は、「**職業の種類を問わず**」としているので、正社員ばかりじゃなく、臨時社員、パート、アルバイト、フリーター、派遣社員、契約社員、嘱託社員などなど、多くの人が対象になるということだ。

高給取りでも「労働者」？

A君

へえ〜正社員だけじゃないんですね。労働者は、使用者よりも貧しいし弱い立場に置かれているから、保護する必要性が高いってことですね。

先生

確かに、それはひとつには正しいといえるが、「労働者」イコール「貧しい」という捉え方は、ちょっと一面的過ぎるように思うよ。証券会社のディーラーとかトレーダーや病院の勤務医など、いわゆる高給取りといわれる人も「労働者」に当たるからね。

A君

え？　超高級タワマンなんかに住んだりしている人たちも「労働者」なんですか？

役員でも「労働者」？

先生

まあね。そのほか、会社の役員になると、従業員の身分を失うのが普通で、そうなるともう「労働者」じゃなくなるんだが、執行役員と呼ばれる人の中には、「労働者」と認められる人もいたり、従業員兼務役員が「労働者」だったりする、なんていうこともあるんだ。

どういう状況があれば「労働者」といえるの？

A君

広すぎてよくわからないんですけど。どういう場合、「労働者」とされるんでしょうか？

先生

使用者に使用されて、つまり、**使用者の指揮監督下で労働して**いて、かつ、その**労働の対償として賃金を受け取る人**であれば、労基法や労契法などの「労働者」に当たるんだ（労基法9条・労契法2条など）。そのような実態があるかどうかで判断される。

それって、具体的にどういうことですか？

「指揮監督下の労働」については、諾否の自由があるか、つまり、仕事の依頼を断れるかってことだ。断れないのが「労働者」なので、これはとても重要な要素だ。次に、業務遂行に使用者の具体的な指揮命令があるか、場所的時間的拘束があるかも重要な要素だ。反対に、代替性があるか、つまり、自分に代わって誰かを働かせることができるか、専属性が強いか、機械や器具などの費用を自分で負担しているか、これらのことが認められると、労働者でない方向の要素が強まることになる。まあ、そういったことを総合的に考慮して判断することになる。そして、「報酬の労働対償性」については、報酬が働いた時間に連動して支払われているかなどを考慮するんだ。

いったいどういった人たちが問題となるんですか？

まあ、白か黒かはっきりしてれば、最初から問題にはならないわけだから、実際に問題になるのは、グレーゾーンにいる人たちで、その判断は、非常に難しい。かつては、労災保険法による労災保険制度（↓P199）が適用になるかならないかという局面で問題になるケースが多かったけど、最近では、労基法などで規定されている賃金に関する保護が受けられるかとか、労契法上の解雇規制が適用になるかなど、そういう観点で問題になるケースが増えている。

先生

フリーランス等は労働者じゃない？

あと、今よく問題になっているのは、フリーランス、ギグワーカー、クラウドワーカーなどの就労者だ。

A君

そういう人たちは「労働者」に当たらないんですか。なんか労働者っぽく感じますけど。

先生

彼らは自営業者とされるから、**労働法の保護は及ばない**んだ。でも、就労実態をみると、契約当事者としての交渉力が弱く、一方的に不利な立場に置かれていることが少なくない。

A君

最初になぜ労働者が保護されるようになったかについて学びましたよね。交渉力において弱い労働者を保護の対象にしたのが労働法だって。今、別の局面でそれと同じことが起きているってことなんですね。まるで、労働法誕生前夜の労働者のようですね。

先生

そうだよね。ようやく、任意で労災保険制度にも加入することができるようになったりとか新たな法律である特定受託事業者に係る取引の適正化等に関する法律（フリーランス新法）もできて、取引する企業は業務発注の内容を明確にして、報酬を60日以内に支払わなければならないとか、ハラスメント対策も義務化されたりとかしたけど、労働者に比べるとその保護の程度はまだまだというところなんだ。そういう働き方をする人たちも、適切な保護が受けられるよう、法規制がより一層整備されることが望まれるね。

社内のルール ―就業規則・労働協約・労働契約

就業規則と労働契約の関係

先生：それでは、社内のルールと労働契約の関係をみていこう。まずは、労働契約と就業規則の関係について。日本では、ほとんどの労働者の労働条件は、就業規則で決められているんだ。いちいち一人ひとりと労働契約の内容を決めるのは、面倒だよね。就業規則があれば、一挙に従業員の労働条件を決めることができるからね。それに、①**就業規則**の内容が**合理的**で②労働者に**周知**させていた場合、就業規則の定めが**労働契約の内容**になるから（労契法7条）、就業規則を作成することは、使用者にとって大きなメリットもある。

A君：労働契約の内容になるってことが、なんで使用者のメリットになるんですか？

先生：労働契約というのは、労働者と使用者の権利と義務を定めるものじゃないか。その内容になるってことは、就業規則の定める内容が、両者の権利義務になるということなんだ。簡単に言っちゃうと、使用者が**就業規則に書く**ことで、**労働者に**いろいろな**義務を課すことができる**ということだ。使用者は、就業規則に書かれた通りに命令を下すことができ、労働者はその義務を果たさなければならないということになる。労基法は、常時十人以上の労働者を使用する使用者に就業規則の作成義務を課しているけど（労基法89条）、それに満たない場合であっても、就業規則を作成しておいた方が、使用者には断然メリットがあるというわけだ。

A君
あれ？　使用者が作成する就業規則で、労働者に義務を課せるなんて、労働契約は合意で成り立つというわりには、それって、あまりに一方的じゃないですか？

先生
そこは過去にもいろいろ議論のあったところなんだ。まあ、「合理的」であることを求めることで、一定の歯止めがかかっているとみることはできなくはない。だけど、労働者は就業規則を受け入れた上で採用されたはずだとされるから、よっぽど労働者を不当に扱うひどい内容のものでない限り就業規則の合理性は否定されない。そして、そういうのはまずないからねえ、一般的には合理性は肯定されることになるわけだ。

A君
つまりは、就職したら、労働者は、就業規則を遵守しなくてはならないってことになるわけですね。

先生
そういうことになるね。でも、就業規則の基準を上回る内容の労働契約を個別に結ぶことは妨げられていないからね。そういった場合には、労働者は就業規則に拘束されず、

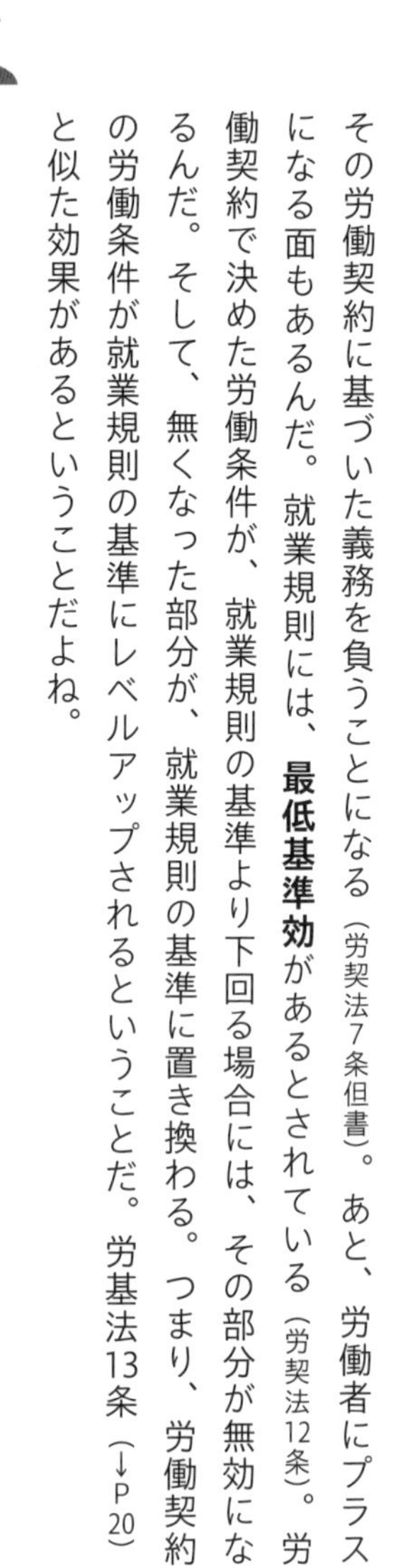

その労働契約に基づいた義務を負うことになる（労契法７条但書）。あと、労働者にプラスになる面もあるんだ。就業規則には、**最低基準効**があるとされている（労契法12条）。労働契約で決めた労働条件が、就業規則の基準より下回る場合には、その部分が無効になるんだ。そして、無くなった部分が、就業規則の基準に置き換わる。つまり、労働契約の労働条件が就業規則の基準にレベルアップされるということだ。労基法13条（↓P20）と似た効果があるということだよね。

A君

前にやった、労働契約の労基法の基準に達しない部分が無効となって、労基法の基準に置き換わるってやつですね。ところで、就業規則の周知ってどうやってやるんですか？

先生

各作業場の見やすい場所に掲示したり、又は備え付けたり、書面で交付するなど、労基法には、周知方法についての定めがあるが（労基法１０６条１項）、労働者と使用者との労働契約関係でいえば、実質的に事業場の労働者がその内容を知り得る状況に置いていればどんな方法でもいいんだ。

労働協約と労働契約の関係

先生

では次に、労働契約と労働協約について。労働協約が、どういうものか知っているかい？

使用者と労働組合の間で結ばれたものだと思いますが。

そうだね。**労働協約**とは、**労働組合**と**使用者**との間で結ばれた**合意**だが、これについては、当事者の署名又は記名押印つきの書面で作成されている必要があるんだ（労組法14条）。**要式性**なんていうがね。要式性を欠いていると、労働協約は無効なんだ。労働協約は、労働組合と使用者との約束事なんだけど、労働組合のメンバーである組合員の労働契約内容を決定する力をもっているんだ（労組法16条）。労働協約の基準に違反する労働契約の労働条件は、その部分が無効になって、無くなった部分は、労働協約の基準に置き換わるんだ。

先生
A君

あれ、さっきの労基法13条や就業規則についての労契法12条と似ていますね。

そうなんだけど、労基法や就業規則の場合と違って、最低基準じゃないんだ。労働協約の基準は、労働契約より**有利**な労働契約にも**不利**な労働契約にも**両方に働く**ことになるといわれている。これを、**両面的効力**というがね。だから、組合員の労働契約の内容より労働協約の基準が下回っていても、労働協約の基準が適用になるんだ。

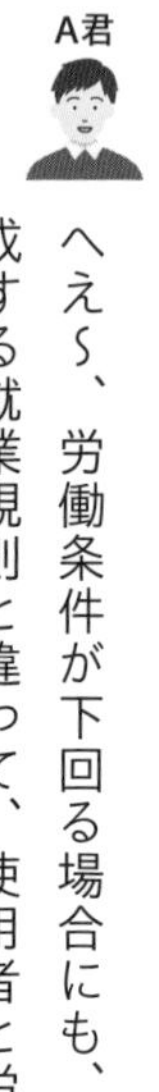

へえ〜、労働条件が下回る場合にも、適用されるんですか。まあ、使用者が一方的に作成する就業規則と違って、使用者と労働組合の合意によって締結されているから、それだけ強い力が与えられているということなんでしょうけどね。

就業規則と労働協約の関係

先生

就業規則との関係でも、**就業規則は労働協約に反してはならない**と定められているから、労働協約の基準が就業規則の基準より下回っていたとしても、労働協約の基準が適用されることになるんだ（労基法92条1項、労契法13条）。もっとも、組合員にとって有利な労働条件の場合にのみ労働協約の基準が働くというように労働協約で決めておくことはできるけどね。

労使慣行

先生

ここで、**労使慣行**にも触れておこう。労使間で**長期**にわたり**反復継続**して行われてきた取扱いを労使慣行と呼ぶ。例えば、就業規則では、9時始まりって書いてあるのに、長年にわたって、9時15分に出社してもお咎めなしとされてきているような場合だ。

A君 職場によくある暗黙のルールってやつですね。

先生 そうだね。労使慣行に契約的な効力が認められるためには、①長期間反復継続して行われていたこと、②労使双方が明示的に排除・排斥していないこと、③労使双方がそれがルールであるとの意識をもっていることが必要だ。特に、その内容を決定する権限をもっている使用者が、それがルールだと意識していることが特に重要だとされている。

さまざまなルールと労働契約

A君 労働契約って合意によって成り立つというわりには、いろいろなルールの影響を受けるものなんだと思いました。それらがどういう関係になっているのかよくわかりました。

先生 ここまでのところをまとめた図表1を見てくれたまえ。例えば、東京で働く労働者の時給が、労働契約で時給1000円だった場合、強行法規である最低賃金法（↓P62～）により、1113円になり、就業規則により1200円になり、就業規則より強い効力をもつ労働協約により1300円になり、また、労働契約に定めのなかった皆勤手当が労働協約に定められていることにより、労働契約の内容となり、プラス500円ということで、最終的に、1800円ということになる。

図表1

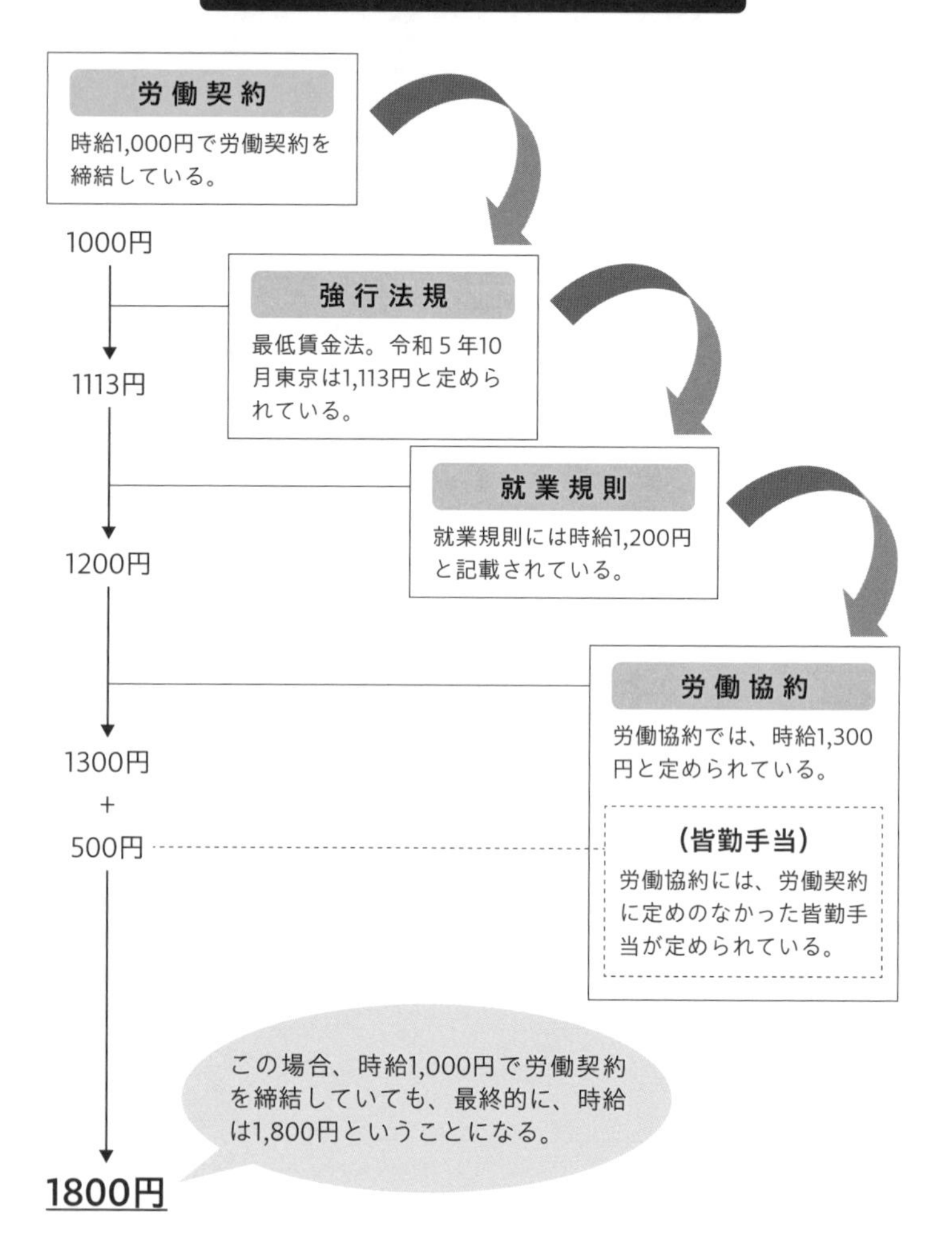

東京都で働く労働者の時給
労働契約
時給1,000円で労働契約を締結している。
1000円
強行法規
最低賃金法。令和５年10月東京は1,113円と定められている。
1113円
就業規則
就業規則には時給1,200円と記載されている。
1200円
労働協約
労働協約では、時給1,300円と定められている。
1300円
+
500円
（皆勤手当）
労働協約には、労働契約に定めのなかった皆勤手当が定められている。
この場合、時給1,000円で労働契約を締結していても、最終的に、時給は1,800円ということになる。
1800円

第2章

採用から入社まで

労働契約締結時の労働条件の明示義務とは？

A君 先生、労働契約は、使用者と労働者の口約束でも成立すると前に言われましたが、取り決めたことを文書にしておかないと、後から揉めることになりませんか？

先生 確かにそういう懸念があるよね。だからこそ、労基法は、労働契約を結ぶ際に、使用者に対し、労働条件を明示することを義務付けているんだ（労基法15条1項）。明示すべき労働条件（労基法施行規則5条1項参照）のうち、①契約期間、②有期契約を更新する場合の基準、③就業の場所及び従事すべき業務、④労働時間関連事項、⑤賃金制度・昇給、⑥退職関係事項に関する事項については、書面による明示が義務付けられている。アルバイトなどに対してはそれらに加えて、昇給・退職金及び賞与の有無、相談窓口も書面で明示しなければならないことになっている（パート・有期法6条1項・同規則2条1項）（↓Ｐ３１６）。

A君 結局は、労働条件を明らかにしておかなくてはならないってことになるんですね。

先生 そういうことになるね。それと、２０２４年４月からは、すべての**労働契約**の**締結時**及

び**更新**のタイミングごとに、**就業の場所と従事すべき業務の内容**の明示に加え、それらの**変更範囲**を明示しなければならないことになったんだ（改正労基法施行規則5条）。そのほか、有期労働契約について、有期労働契約の締結と契約更新のタイミングごとに、更新上限（有期労働契約の通算契約期間または更新回数の上限）の有無と内容の明示が必要になったんだ。有期労働契約の明示義務の詳細については、その箇所で触れることにするがね（↓P316・P320）。

へえ〜、結構、いろいろあって、それを一つひとつ、書面を作成するのってすごく大変なことじゃないですか？

実際には、厚生労働省がＨＰに公表している雛形を利用するという方法が多くとられているようだ。それを使えば、簡単に書面作成ができるから、お勧めだね。

採用内定を取り消されちゃったらどうしよう？

新規学卒者に対する採用内定取消

A君　先生、ちょっと部活の先輩を連れてきたんですけど、ご相談に乗ってもらえませんか？

先生　ああ、いいよ。入りなさい。

B君　失礼します。え～と、自分は、経済学部経営学科のBといいます。

C君　あっ、自分は、経済学部経済学科のCです。

先生　いったいどうしたんだね？

B君　自分は、Z建設、こいつは、Y食品に就職が決まったんですが、自分は、1月、こいつは去年の11月に、突然取り消されちゃったんです。これから就活したところで、会社みつかるわけないし、もう、どうしていいやら。お先真っ暗ですよ。

先生　採用内定取消の問題か。ちょうどこのテーマについて、説明しようと思っていたところだ。ちょうどいい。それぞれどういうことなのか、詳しく話してみなさい。

B君　じゃあ自分から。あちこち受けて、なかなか内定出なかったんですが、去年の秋、ようやく1社内定が出て、それが、Z建設だったわけです。採用内定通知書っていう書類が送られてきたんで、名前書いてハンコを押して送り返しました。内定式にも出ました。その後、研修みたいなのがあって、何回か会社に行きました。そしたら、今年の1月文書が送られてきたんです。え〜と、これです。「採用内定決定段階で、貴殿がわが社の社風に合わないのではないかという懸念が役員の間で表明されていたのですが、残念ながらその懸念を払拭するには至りませんでした。大変申し訳ございませんが、採用内定を取り消させていただくこととなりました」って書いてあるんです。

C君　自分は、Y食品の採用担当者から「採用することが決まりました」って連絡を受けたんで、ようやく決まったと喜んでいたわけです。でも、その1か月後、担当者から「内々定者が多すぎたので残念ながらご辞退ください」というメールが来たんです。

先生　ふ〜む。まあ、典型的なケースだね。それじゃあ、まず、採用内定が、法的にどういうものなのか、説明することにしよう。最高裁（大日本印刷事件・最高裁第2小法廷昭和54年7月20日）は、会社からの**採用内定通知**が学生に届いた時点で**労働契約**が**成立**するとしている。

採用内定時に、労働契約が成立しているということは、**採用内定取消**は、労働契約の解約になるから、**解雇**と同じということになるわけだ。

え？　普通の労働契約とまったく同じ労働契約が成立するってことですか？

いや、少し違うんだ。ちょっと難しい言い方をすると、**就労始期付解約権留保付労働契約**が成立するということになるんだ。採用内定者は、まだ学生で、今すぐには働かないわけだから、○年○月○日から働き始めますよというように、労働契約には、就労の始期が付いているわけだ。それと、入社の日までの間に、どうしても取り消さなければならないような事態になってしまった場合には、解約権を行使しますよ…つまり、採用内定を取り消しますよ…といった解約権を留保した労働契約…留保というのは、「もっていますけど、今使いませんが、使うときがきたら使います」ということを意味しているんだが…そういったいわば条件付きの労働契約が成立しているということになるんだ。

A君
先生

その解約権の行使、つまり、採用内定取消は、どのような場合にできるんですか？

よく、誓約書には取消事由として「卒業できなかった」「内定時に予見できなかった身体的・精神的条件の変化により予定されていた労務の提供が不可能になった」「会社の急激な経営不振により採用計画を見直さなければならなくなった」などの事由が、書かれている。ただ、そういった解約事由に該当したからって、自動的に解約権の行使が許されるわけじゃないんだ。最高裁は、次のように言っている。「採用内定の取消事由は、採用内定当時知ることができず、また知ることが期待できないような事実であって……解約権留保の趣旨、目的に照らして客観的に合理的と認められ社会通念上相当として是認することができるものに限られる」とね。

B君

ということは、自分は、そもそも誓約書にある取消事由には当てはまらないし、社風に合わないんじゃないかってことも内定当初から分かっていたわけだから、採用内定取消は無効ってことですよね。ヤッター。

先生

まあそうなる可能性が高いね。次に、C君の場合、いわゆる**採用内々定**ってやつだね。採用内々定の法的性格をどのように考えるのかについてだが、両当事者に雇用し、雇用されるという意思の合致があったと解されるような場合には、たとえ、採用内々定という言葉を使っていたとしても採用内定とみなされる可能性がある。でも、採用担当者が口頭で約束して、期日になれば採用内定を確定しますよという予約に過ぎないような場合には、労働契約が成立したとはいえないんだ。

C君

え〜。じゃあ、自分は、ダメってことですか？（Bの方を向いて）なんだよ。おまえは

よくて俺はダメなのかよ。

B君　知らねえよ。俺に言われたって、困るよ。

先生　ただ、採用内々定者に対してろくに事情も説明しないで、信頼を損なう形で採用内々定を取り消したような場合に、損害賠償請求を認めた裁判例もあるがね（コーセーアールイー（第2）事件・福岡高裁平成23年3月10日）。

C君　もらわないよりいいけど、お金もらったって、就職できね〜んじゃ、意味ね〜よ。あっ失礼しました。

先生　まあ、少なくとも、B君は、会社に掛け合ってみる価値はあるよね。

B君　そうしてみます。ありがとうございました（明るい）。（『ああよかった』）。

C君　ありがとうございました（暗い）。では失礼します（『本当にどうしよう』）。

A君　正反対の結果になっちゃいましたね。やっぱり、労働契約が成立しているとみなせるかどうかで、天地ですね。

先生　労働契約について説明したところで話したように、労働契約締結に形式は要らないから

ね。だから、採用内定通知という形式が必要なわけじゃないんだ。採用内定通知が応募者に届くことで、会社の採用内定の意思表示、つまり、労働契約成立の意思表示が応募者に届いたということが重要なんだ。一般的に、採用内定通知によって、採用内定の意思表示が伝えられているからね。

A君 なるほど。

先生 そこが、単なる口約束に過ぎないことが多い、いわゆる採用内々定との違いということになるわけだ。

A君 先輩たちの置かれた状況が、同じようなもんだと思っていましたけど、そうじゃないことがよくわかりました。

先生 取り上げようと思っていたテーマだったから、ちょうどよかった。君もゆくゆくは就職活動ってことになるだろうけど、先輩の轍を踏まないよう、自分磨きしないとね。

A君 そうですね。いろんな意味で勉強になりました。

中途採用者の採用内定取消はどうなるの？

A君　先生、先輩たちのは、大学卒業後の就職のケースですよね。中途採用者の内定取消についてはどうなるんですか？

先生　中途採用者の採用内定取消についても裁判例がある。ヘッドハンティングによりマネージャー職にスカウトされた労働者の採用内定が、会社の経営悪化を理由に取り消されたという事件だ（インフォミックス事件（東京地裁平成9年10月31日））。2階に上がって梯子外されるってやつだよね。もう前の会社は辞めちゃってるわけだし、今更なしといわれても、ねえ。

A君　それで、どう判断されたんですか？

先生　裁判所は、**中途採用者**の採用内定取消についても、新規学卒者と同様、さっき言った**就労始期付解約権留保付労働契約**が成立していると判断したんだ。そして、会社の経営悪化を理由とする解雇、これを整理解雇（↓P274～）というんだが…整理解雇については、解雇のところで、詳しく述べることとするが…その整理解雇の判断枠組みを用い、採用内定取消が無効とされたんだ。

A君 ああ、そうですか。よかったですね。中途採用者の場合も、新卒の場合と同じように考えてくれないと、安心して転職できませんもんね。

先生 まあ、そういうことになるよね。最近じゃあ、転職する人が増えているからね。

採用内定者からの採用内定取消ってできるの？

A君 ところで、採用内定者は採用内定通知書に署名して、送り返しちゃっていて、採用内定を承諾しちゃっているわけですが、採用内定者の方から採用内定を取り消すことってできるんですか？

先生 最初のところでやったよね。労働者には解約の自由があるって（民法627条1項）。

A君 はい。**2週間前に言えば、いつでも辞めることができる**っていうやつですよね。

先生 そう。労働者側の採用内定取消も、それと同じさ。少なくとも2週間の予告を置く限り、採用内定者は、自由に解約することができるってことになる。だってそうだろう。働いている人だっていつでも辞められるわけだから、まだ働いてもいないんだから、なおさら、辞めることができるってことになるよね。

A君 なるほど。ちょっと、安心しました。

試用期間中の本採用拒否って許されるの？

B君 先生、この間はお世話になりました。先生が言われた通り会社に掛け合ったら、慌てて、採用内定の取消を取り消してくれました。先生のお陰です。ということで、自分も、労働法を少しは勉強しておかなきゃならないってことに目覚めたんです。もしお邪魔じゃなければ、自分もちょっと参加させてもらってもいいでしょうか？

先生 まあ、勉強したいっていうのは良い心がけだと思うよ。どうぞ。

B君 ありがとうございます。

先生 じゃあ今回は、試用期間について取り上げることにする。試用期間とは、労働者の入社後、いわゆる正社員としての本採用の前に設けられる、だいたい3か月程度の期間のことをいうんだ。通例、就業規則において、試用期間中またはその終了時に、「社員として不適格と認めたときは本採用しないことがある」といった解約事由が明記されている。

B君　え？　せっかく入社できたのに、まだ、安心できないんですか？

先生　まあまあ、聞きなさい。前回、採用内定時に労働契約が成立していると言ったね。だから、B君は、採用内定取消を取り消してもらえたわけだが…ということは、入社後の試用期間にも当然労働契約は成立していることになるよね。ここで、ある事例について、触れたいと思う。三菱樹脂事件という事件だ。その会社では新規学卒者の本採用について、それまで試用期間終了後本採用拒否された例はひとつもなくて、本採用のとき辞令が交付されるだけだったんだ。ところが、ある時突然本採用を拒否されてしまった人が、それを争った事例だ。最高裁（最高裁大法廷昭和48年12月12日）は、試用期間中の労働契約について、使用者の解約権が留保された労働契約だと言っている。つまり、前に触れたように採用内定のとき、始期付解約権留保付労働契約だったけど、もう就労し始めているからね、就労始期付が取れて、**解約権留保付労働契約**ということになるわけだ。

A君　その場合、使用者が解約権を行使するということは、クビにするってことですよね。どんな場合それが許されるんですか？

先生　最高裁は、通常の解雇より広い範囲で解雇の自由が認められると言っている。

B君　簡単にクビになっちゃうってことですか？　自分にとって、超ヤバイことなんすけど。

先生

試用期間というのは、いろんな商品でよくあるお試し期間などというのとは、全然違うものなんだ。試用期間といっても、新規学卒者の採用はすでに慎重な過程を経て行われているわけだし、試用期間における適格性判断というのは会社が念のために行うようなもんなんだ。日本の特徴として、仕事の中身を最初から特定して採用するわけではないから、労働者を実際に働かせてみて、どんな仕事に適性があるのかとか、どんな職業的能力があるのかなどをみる期間として、設定されている場合が多い。配属先を決めるための期間ともいえるだろうね。もう入社して従業員の一員になっているわけだし、そんなに簡単にクビになることはないわけだ。

A君

それでも解約権が行使される場合があるわけですよね。どういう場合なんでしょうか？

先生

最高裁は、企業が、採用決定後における調査の結果により、または試用中の勤務状態等により、当初知ることができず、また知ることが期待できないような事実を知るに至った場合において、そのような事実に照らしその者を引き続き当該企業に雇用しておくのが適当でないと判断するような場合に、**本採用拒否**することができるとしている。つまり、採用内定期間中にわかっていたことを持ち出すことはできないんだ。採用内定期間中にはわからなかった事実を知って、従業員として雇用していくのは、「とても無理！」と判断したような場合に限られるということだが、適格性判断については、客観的に説明のつく合理的な理由が必要だし、誰がみたって、「これじゃあ解雇（解約）されても仕方ないよね」といえるような社会的相当性のある場合でなくてはダメなんだ。

B君
そんなに簡単にクビにはならないってことですね。ああよかった。この間の採用内定取消だって、結構カッコ悪かったのに、入社した途端に即クビなんてことになったら、それこそシャレにならないですよ、カッコ悪くて、目も当てられませんよ。

先生
まあ、だいたい、新規学卒者に、初めから高度の職業能力を求めているわけじゃないから、実際には**留保付解約権の行使**が認められることはそんなに多くはないと考えられるよね。さっきの三菱樹脂事件でも、本採用とは単なる通過点のような、そういった取扱いがされてきたわけだからねえ。ただ、中途採用者などで、最初から特定の専門能力が期待されて入社した場合なんかだと、実際に期待した能力がないことが分かったような場合には、解約権がより広く認められる可能性があるけどね。

B君
先生、試用期間についてもよく理解することができました。いろいろありがとうございました。いよいよ社会人になります。これから頑張ります。

先生
何はともあれ、就職できてよかったよね。まあ頑張ってくれたまえ。

第3章

働いたことの見返り

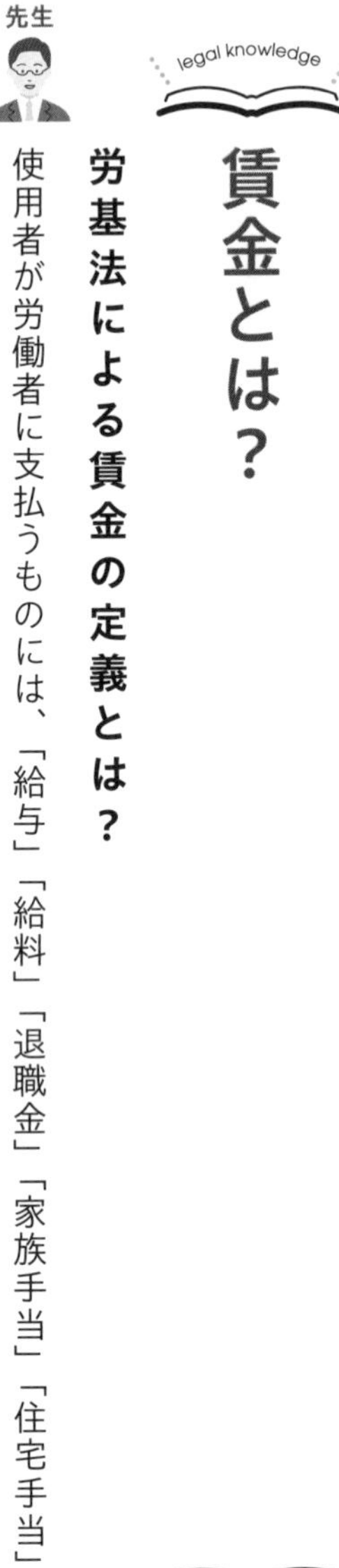

賃金とは？

労基法による賃金の定義とは？

先生 使用者が労働者に支払うものには、「給与」「給料」「退職金」「家族手当」「住宅手当」「通勤費」などと呼ばれるものがあるが、このうち、どれが賃金だと思う？

A君 う〜ん、「給与」「給料」は賃金なのは確実だと思います。「退職金」とかはギリギリセーフって感じがしますが、それ以外は、直接働いた見返りとしてもらうものじゃないので、ちょっと賃金とはいえない気がしますが…。

先生 労基法は、「賃金、給料、手当、賞与その他名称の如何を問わず、労働の対償として使用者が労働者に支払うすべてのもの」としている（同法11条）。どんな名称で呼ばれてようが、労働協約、就業規則などによって**予めその支給条件が明確に定められ**、それに従って**使用者に支払義務のあるもの**は、「労働の対償」とされ、賃金に該当するとされているんだ（伊予相互金融事件・最高裁第3小法廷昭和43年5月28日）。だから、支給条件が労働協約、就業規則等で明確に定められている「給与」「給料」「退職金」「家族手当」「住宅手当」

「通勤費」などは、全部労基法の賃金に該当することになる。

A君：へえ〜、予め支払条件が明確に定められていれば、賃金なんですね。結構広いんですね。となると、使用者が払うものはすべて賃金ってことになる気がしますが。

労基法の賃金に該当しないのは？

先生：いや、そうとも限らないんだ。福利厚生としての支給、例えば、住宅購入のための資金の貸付とかは、賃金に該当しない。あと、業務のための費用や出張旅費などは、本来会社が負担すべきものを労働者が肩代わりして負担しているわけだから、使用者がそれを支払ったとしても、それらも賃金ではないということになる。

A君：なるほど。確かに、働いた対償ではありませんもんね。

先生：でも、チップなどは、働いた対償としてもらうものではあるが、使用者じゃなくて客が支払うものだから、賃金には当たらないんだ。

A君：なるほど。使用者が払うってことも重要なんですね。

先生：また、会社が取締役や従業員に対して特定の金額で自社の株式を購入する権利を与えるストックオプションだが、いつ権利行使して利益を得るかが本人に任されているので、労基法にいう賃金ではないとされている。ただ、税法上は、給与所得として課税されるから注意が必要だけどね。

賃金請求権の消滅時効とは？

ところで、未払賃金があった場合、いつまでに請求しなければならないっていうのは、あるんですか？

賃金請求権には、消滅時効が定められている。賃金の請求権は、行使できる時からこれまで**5年**間行使しなければ時効によって消滅することになった（労基法115条）。ただし、退職手当は5年でこれまでと変わらないんだが、退職手当を除く賃金は、これまで2年だったこともあって、当分の間は、**経過措置**として、**3年**とされるようだがね（労基法附則143条3項）。

平均賃金って何？

A君

先生、友達がバイトに行く途中で事故に遭って、国からなんか給付金をもらったようなんですけど、そのとき、「平均賃金に掛け算するとか言われて、よくわからないけど、まあもらえるものはもらっときゃあいいか」ってことになったんですが、「平均賃金」って何なんですか？

先生

ああ、労災保険制度の休業給付の支給の話だね。この制度について詳しくは、またあとで話すことにするが、「平均賃金」とは、労災保険制度におけるさまざまな補償給付、解雇予告手当（労基法20条）や休業手当（同法26条）などを支払う際に、その額の計算の基礎となる賃金として用いられるものだ。支払わなければならない出来事が発生した日以前の**3か月間の賃金**（ただし、ボーナスなどはノーカウント）の合計をその期間の**総日数で割ったもの**だ（労基法12条1項・4項）。これは、実務上はとても重要なものなんで覚えておくといいね。

legal knowledge

最低賃金とは？

A君 先生、今日、姉を連れてきたんですが、ちょっと相談に乗ってもらえませんか？

先生 いいよ。入りなさい。

Mさん Mと申します。いつも弟がお世話になっています。出来が悪くてすみません。

A君 （Mに向かって）余計なこと言わなくていいよ（『ったく、連れて来てやってんのに』）。

先生 いやいや、A君はなかなか優秀ですよ。ところで、相談って何かね？

Mさん わたくし薬剤師でして、自宅近くの調剤薬局で働いています。職場はとても居心地がよくて満足しているんですが、何しろ小さな薬局であまり儲かっていないもので、お給料が安いのが難点でして、何とかならないかと思いまして。

先生 賃金は、雇う側と雇われる側の合意で決まるからね、如何ともし難いんだがね。失礼だけど、いくらくらいもらっているの？

Mさん 月19万円です。

先生 就業時間はどうなっているの？

Mさん 土日祝日がお休みで、月曜から金曜朝9時から夕方の6時まで、途中1時間の休憩があります。

先生 場所はどこだね？

Mさん 西武池袋線の秋津駅に近いところです。

先生 東京都と埼玉県の県境だね。住所はどっちなんだい？

Mさん 東京都です。

A君 先生、それってなんか関係あるんですか？

先生 大いに関係ある。（カレンダーを見て）例えば、6月・7月・8月あたりで、時給を計算すると、19万円÷22日÷8時間≒1079円になるね。令和5年に公表された東京の

A君　最低賃金が1113円だから、これは明らかに最低賃金法違反っていうことになるね。

先生　最低賃金？　なんか聞いたことあるような。

A君　国が、賃金の最低額を定めるんだ。労働者の賃金が、最低賃金額より低い場合、その賃金の取り決めた部分は無効とされ、労働契約は、最低賃金額と同じ賃金額を支払う定めをしたものとなり、使用者は、その賃金を支払わなければならないことになるんだ（最賃法4条2項）。

先生　あれ？　それって、労基法に反する部分が無効になり、その部分が労基法の基準に変えられるっていう労基法13条（↓P20）と同じですね。

A君　そうそう。強行法規（↓P20）だからね。労基法13条とまったく同じ効力がある。最低賃金に反する部分が無効になり、その部分が最低賃金の額に変えられるってわけだ。

先生　じゃあ、その最低賃金って、具体的に、どうやって決められるんですか？

A君　**地域別最低賃金**というのがあって、毎年都道府県ごとに最低賃金額が公表されているんだけど、最低賃金は、**時間単位**で定められているんだ（同法3条）。だから、さっき時間当たりいくらになるか計算したわけだけど、埼玉県だと、令和5年は、1028円だから、引っかからないが、東京都だと、明らかに違反になる。

A君
都道府県によって随分違いがあるんですね。

先生
それに対する批判もあるがね。もともとは、ワーキングプア対策で、この問題を解消するため、最低賃金法の強化が図られてきているんだ。

A君
ワーキングプアって聞いたことあるような気がしますが、どういうことですか？

先生
正社員やフルタイムで働いているにもかかわらず、生活保護の水準より低い収入しか得られない就労者の社会層のことをいうんだ。２００７年以降、最低賃金額は大幅に上昇して、生活保護費との逆転現象は解消されたんだけど、欧米諸国の水準と比べると、まだまだ低水準にあることなどから、引き続き大幅な上昇が続いているんだ。最低賃金法違反があった場合、都道府県労働局長、労働基準監督署長などに申告して是正の措置をとるよう求めることができる（最賃法34条1項）。罰則上限額も、2万円から50万円（同法40条）に引き上げられるなど、罰則も強化されているんだ。具体的な金額は、厚生労働省のＨＰに載っているから、一度自分の目で確かめてみるといいよ。

Mさん

はい。ちゃんと確認してみます。そして、店長と話し合うことにします。

賃金支払に関する4つのルール

通貨払いの原則

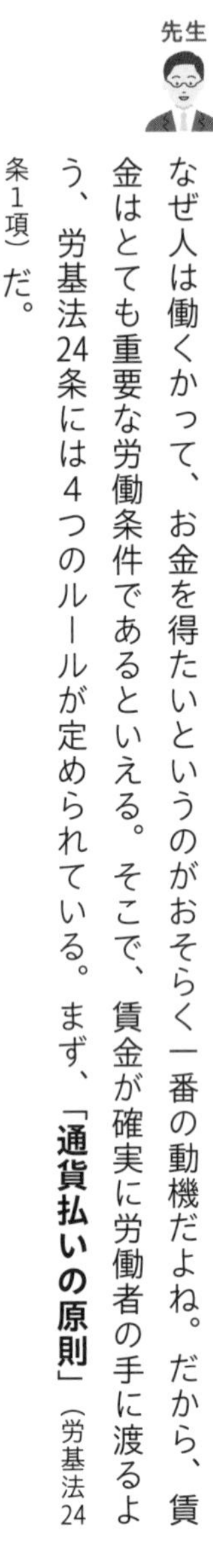

先生　なぜ人は働くかって、お金を得たいというのがおそらく一番の動機だよね。だから、賃金はとても重要な労働条件であるといえる。そこで、賃金が確実に労働者の手に渡るよう、労基法24条には４つのルールが定められている。まず、「**通貨払いの原則**」（労基法24条1項）だ。

A君　通貨ってことは、外資系企業であっても、ドルとかで払ったらダメってことですね。

先生　そう。円でなくちゃならない。昔は、自社製品などの現物で支払うなんてことがあったらしいんだ。そんなもんで支払われたんじゃ、換金しなければならないし、もしかして、換金できないかもしれない。とたんに生活不安に陥るよね。もともとはそういう弊害の多い支払い方を禁止することを目的として定められた原則だといわれている。ちなみに、昔は、ほとんどの会社で、現金の手渡しで賃金が支払われるのが普通だったんだ。

A君　へえ〜。そうだったんですか。なんとなく、その方がもらった感あるかも。

先生　それが、労働者の銀行口座に振り込むということになると、現金で支払うわけじゃないので、この「通貨払いの原則」に引っかかっちゃうわけだ。

A君　え？　でも、今、ほとんど銀行振込じゃないですか？

先生　銀行振込は、例外的に許されたものなんだ。**労働者本人の同意**を得ていること、**本人名義の口座**に振り込むことなどを条件にね。

A君　ああ、バイトで、口座振込承諾書っていうのを提出させられましたけど、あれって、そういう意味だったんですね。

先生　そうだね。最近ではさらに進んで、2023年4月からは、一定の条件のもとNTTドコモや楽天などの資金移動業者を利用したデジタル給与（給与デジタル払い）も認められることになった。

直接払いの原則

先生　次に、「**直接払いの原則**」（労基法24条1項）だ。労働者に直接支払わなければならない。

代理人に対する支払いも禁止されているので、たとえ労働者が未成年であっても親が代理して受け取ることはできないんだ（小倉電話局事件・最高裁第3小法廷昭和43年3月12日）。また、怖いお兄さんが会社にやって来て、給料を担保に金を借りたんだから、払ってもらおうじゃないか」って凄まれても、決して支払っちゃいけないんだ。ただし、税金滞納のための賃金差し押さえなど、例外として許されている場合もあるけどね（国税徴収法76条参照）。

全額払いの原則

先生　次は、「**全額払いの原則**」（労基法24条1項）だ。賃金は、労働者に全額支払わなければならないとされている。

A君　なんだか、それって至極当たり前のような気がするんですけど。

先生　でも、実際には、賃金全額が丸々支払われることなんか滅多にないんだ。控除とか天引きなんて聞いたこと、あるだろう。

A君

ありなす。確かに、給料明細書とか見ると、なんか引かれていますね。

先生
全額払いの原則に対する**例外**のひとつとして、法令に定めがある場合があげられている（労基法24条1項）。所得税、住民税や社会保険料などの**源泉徴収**がこれに当たる。

A君
ああ、源泉徴収って、給与明細とかでよく目にしますね。

先生
あと、**労使協定**（↓P21）がある場合も、控除が許される（同項但書）。その例として、社宅の家賃や親睦会費などを給与から天引きするケースなどが挙げられる。ところで、ある女流作家が自伝の中で、戦前、女給、今でいうウエートレスをやっていて、給料もらったら、随分少ないんで、お店に聞いてみたら、彼女の割ったお皿の代金が引かれていたなんて話を書いていた。今は、全額払いの原則に引っかかるからそういうことはできない。最高裁は、使用者が、勝手に賃金から差っ引いちゃあいけないと明言している（関西精機事件・最高裁第2小法廷昭和31年11月2日）。でも、相殺が許される場合もあるんだ。ときに、会社では賃金の過払いが生じることがある。このような場合に、会社は過払い分を賃金から控除することがあるが、最高裁は、これを「**調整的相殺**」と名づけ、それは実質的には賃金の清算であるとして、①過払の時期と相殺の時期が接着していて、②多額じゃなくて、③労働者への予告を行うなど、労働者の経済生活の安定を脅かすおそれがない場合には、全額払いの原則には違反しないとしている（福島県教組事件・最高裁第1小法廷昭和44年12月18日）。あと、労働者との**合意**でもって**相殺**することができるんだ。

A君

え？　でも、労働者って、弱い立場にあるじゃないですか？　立場上合意せざるを得ないなんてことになりませんか？

先生

最高裁は、日新製鋼事件（最高裁第2小法廷平成2年11月26日）で、全額払いの原則の趣旨は、労働者の経済生活を脅かすことのないようにしてその保護を図ろうとするというものであるから、**合意が**「労働者の**自由な意思**に基づいてされたものであると認めるに足りる**合理的な理由**が**客観的に存在する**」ときは、労働者の合意を得てした相殺はこの原則に違反するものとはいえないとしているんだ。ただ、合意による相殺の認定判断は、「厳格かつ慎重に行われなければならない」ともしている。この事件では、使用者が、労働者の金融機関への住宅ローンの返済に充てる費用を前払いしていて、それを労働者の月々の賃金及び賞与から徴収し、労働者が退職するときには退職金から残りを一括返済する旨の合意が問題になったんだけど、最高裁は、会社が労働者の利子の一部を負担するなど労働者の利益になっているし、その約定を労働者も十分認識していたことから、労働者の合意を有効だと認めたんだ。

A君

なるほど。労働者は、そういう制度を利用したからこそ、自分の家を手に入れられたわけだし、利子の一部も会社が負担してくれているんだったら、労働者の受けるメリットは、大きいですね。自分の利益になっているから、客観的にみて、本心の合意だったたって考えられるってことですね。逆に、自分の利益にちっともなっていないような場合の合意は、本心の合意とはみなされないんでしょうね。

先生　そういうことになるだろうね。

毎月1回以上・一定期日払いの原則

先生　そして、最後の原則だが、**「毎月1回以上・一定期日払いの原則」**（労基法24条2項）だ。毎月1回以上、一定期日に支払わなくてはいけないんだ。

A君　ああ、給料って、毎月同じ日に支払われますよね。あれですね。

先生　そうそう。支給日が不安定になることを防止する意味で規定されている。

A君　でも、よく年俸制とかいうじゃないですか？　あれってまずいってことですか？

先生　年俸制で給与の額を決めているような場合であっても、実際の支払は月々払いにしなくちゃいけないんだ。

A君　なるほど。そうすれば、労基法違反にならなくて済むわけですね。

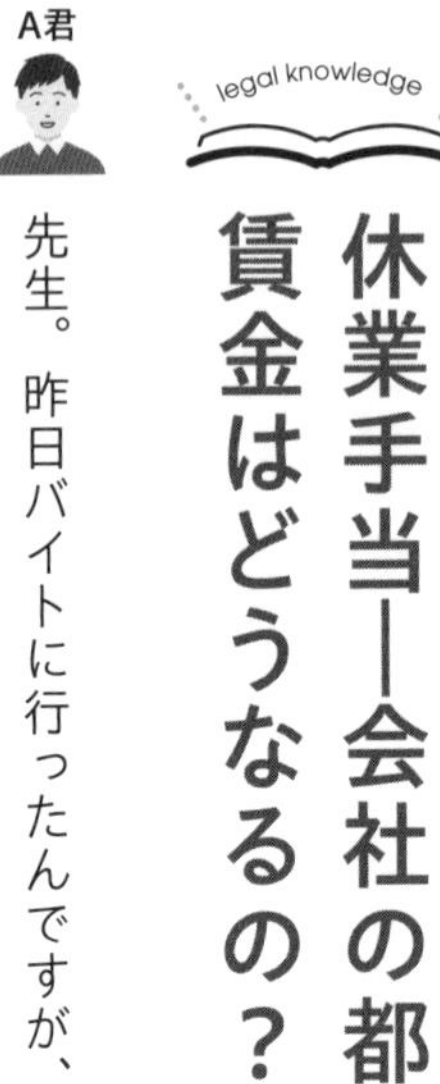

休業手当―会社の都合で休んだ場合、賃金はどうなるの？

A君
先生。昨日バイトに行ったんですが、お店が真っ暗で。電気系統が故障しちゃったらしくて、とても営業できる状態じゃなくなっていたんです。そうしたら、店長に「今日は、臨時休業にするから、もう帰っていいよ」って言われて、仕事なくなっちゃったんですよ。バイト代もらえないうえに、賄いもなくなっちゃったわけで、お店の近くでハンバーガー自腹で食べなきゃならなくなっちゃって、もう踏んだり蹴ったりですよ。

先生
まあ、賄いの方は仕方ないが、無給というのは、おかしいねえ。それじゃあ、休業となった場合に賃金の支払いがどうなるかについて説明しよう。まず、労基法26条を読んでみて。

A君
え～と、あっこれですね。「使用者の責に帰すべき事由による休業の場合においては、使用者は、休業期間中当該労働者に、その平均賃金の百分の六十以上の手当を支払わなければならない」って書いてあります。

先生
じゃあ、民法536条2項一文目を読んでみて。

A君
「債権者の責めに帰すべき事由によって債務を履行することができなくなったときは、債権者は、反対給付の履行を拒むことができない」って書いてあります。

先生
「債権者」＝「使用者」、「債務を履行する」＝「就労する」、「債務者」＝「労働者」、「反対給付の履行」＝「賃金の支払い」ってことなんだけど、だとするとどうなる？

A君
「使用者の責に帰すべき事由によって、就労できなくなったとき、使用者は、賃金の支払いを拒むことはできない」ってことになりますね。あれ？　さっきの労基法と途中までほぼ同じこと言ってませんか？　でも、労基法は、賃金の60％で、民法は、賃金の100％ってことですよね。このままだと、労基法の方が損しちゃう感じになりますね。労働者を保護するはずの法律の方が労働者に厳しい内容になっていて変ですね。

先生
これについて、最高裁（ノース・ウエスト航空事件・最高裁第2小法廷昭和62年7月17日）は、**民法の方が適用**になる…つまり、**100％の賃金支払い義務が課される**…のは、民法の一般原則に即して、**使用者に故意・過失ある場合**だとしている。

A君
故意っていうのは、「わざと」っていうことですよね。「過失」っていうのは、「落ち度」

っていうことですよね。

先生

そう。この場合、使用者が「わざと」労働者が働けない状況にするというのは、考えにくいから、おもには、使用者に「過失（落ち度）」があったかどうかが問題となると思う。確かに、使用者の落ち度さえなければ、労働者は、働くことができて、100%賃金がもらえたはずだから、使用者のせいで働けないんだから100%もらえるのが当然だといえるよね。

A君

つまり、民法を普通通りに解釈したってことですね。

先生

そういうことだ。それに対して、労基法の**休業手当**の方は、労働者の生活保護という観点から、「使用者の責に帰すべき事由」を、民法より広く捉えて、そこには、不可抗力の場合を除き、民法上は、使用者の責任にならない、**使用者に故意・過失のないような場合**、つまり、使用者側に起因する経営上・管理上の障害などの事由も含めて、使用者は、**「平均賃金」**（↓P61）**の60%の支払い**をしなければならないとしているんだ。例えば、監督官庁の勧告による操業停止、親会社の経営難のための資金・資材の入手困難などの例が挙げられている。それに、労基法は、休業手当の支払を罰則付きで使用者に強制しているんだ（労基法120条）。だから、それだけ労働者保護が強化されたものだということとができるよね。

A君

ということは、昨日、自分が働けなかったのは、店側の落ち度ではないから、賃金100％もらうことはできないけど、電気系統の故障というのは、店側に起因する管理上の障害に当たりますよね。ということは、自分は、「平均賃金」の60％はもらえるってことですね。早速店長に掛け合うことにします。

退職金と賞与ってもらえない場合があるの？

退職金

A君：先生、自分の先輩ですごく優秀な人がいて、起業したんですよ。そしたら、それまで勤めていた会社からガタガタ言われて、全額もらうはずの退職金減らされちゃったみたいなんです。退職金って、減らすなんてことできるんですか？

先生：退職金が「賃金の後払い」であるとすると、働いたことに対する対償ということになるよね。そして、労働者は、すでに働いてしまっているわけだから、その働いた分に対する対償は当然に支払わなければならないということになるから、退職金を減額・不支給することはできないということになる。でも、最高裁は、三晃社事件（最高裁第2小法廷昭和52年8月9日）で、退職金は**賃金の後払い的性格**とともに**功労報償的性格**を併せ有するものなので、功労の抹消に応じた減額・不支給（没収）条項も合理性がないとはいえないとして、同業他社へ転職した広告代理店の営業社員に対して就業規則の定めに従い退職手当を2分の1にしたことを有効としているんだ。

A君

え？　じゃあ、自分の先輩みたいなケースでは、常に退職金減額が許されちゃうってことですか？

先生

いや、今言った事例は、同業他社への転職制限が認められたケースなんだよ。同業他社への転職の制限が許されるかどうかについては、また別の議論が必要になる。この問題について詳しくは、退職後の競業避止義務（↓P303）のところで話すことにするがね。
もう一度退職金の話に戻すと、退職金を減額したり不支給にすることは可能だ。もっとも、過去の功労を失わせるほどの重大な背信行為があって懲戒解雇されたような場合に限るがね。この点についても、詳しくは懲戒解雇（↓P180）のところで触れることにしよう。

賞与

先生

次に、賞与についてだが、支給日に在籍している者にだけ賞与を支払うという、**賞与支給日在籍要件**という条件を課している会社が多い。

A君

どういうことですか？　いなくなった人に払う必要がないのは当然なのでは？

先生

賞与には、支給対象期間というのがあって、賞与の支給日よりかなり前に設定されている場合が多いんだ。例えば、4月から9月までが支給対象期間で賞与が12月に支払われたりするわけだ。

A君　ああ、よく冬のボーナスって聞きますよね。あれって、そういう期間を対象として支払われるものだったんですか。

先生　まあ、それは、会社ごとに制度は異なると思うがね。今言ったような制度をもつ会社で、賞与支給日在籍要件がちょっと問題になる。支給対象期間は勤務していたのに、その後支給日までの間に会社を辞めてしまうと、その人は、支給日に在籍していないので、賞与がもらえないことになってしまうんだ。これについて、最高裁は、賞与支給日在籍要件規定の基準が合理的でかつ明確であるかぎり違法ではないとしている（大和銀行事件・最高裁第1小法廷昭和57年10月7日）。これは、自発的退職者についての判断だったんだけど、会社都合の解雇である整理解雇（↓P274～）…これについても解雇のところで取り上げるが…整理解雇の場合のように、退職日が使用者の都合で決まってしまう場合にまで支給日在籍要件を適用してよいのか、その妥当性については議論のあるところだけどね。

第4章

働く時間

法定労働時間・休憩・休日ってどのように決められているの？

法定労働時間

先生

いよいよ次は労働時間だ。労働法が誕生して、最初に規制されたのが、労働時間なんだ。長時間労働は、身体ばかりじゃなく精神をも蝕むからね。労働者保護の観点から、労働時間の規制はとりわけ重要なことだったんだ。労基法は、32条に労働時間を定めている。これを**法定労働時間**と呼ぶ。**1週間40時間、1日8時間**だ。同条違反には、6か月以下の懲役または30万円以下の罰金が科されることになっている（同法119条）。

A君

へえ～、懲役刑までついてるんですか。厳しく規制されているということですね。ところで、所定労働時間ってよく聞きますけど、法定労働時間とは別物なんですか？

先生

所定労働時間とは、労働契約上の労働時間のことで、一般的には、**就業規則に規定された労働時間**のことをいうんだ。法定労働時間と同じ場合もあるが、短く設定されていたりする場合も多い。

休憩

先生

次は、休憩について、休憩には3つの原則がある。まず、**途中付与の原則**（労基法34条1項）。使用者は、労働時間が**6時間を超え8時間以内**の場合には少なくとも**45分**、**8時間を超える場合**は少なくとも**1時間**の休憩を、労働時間の途中に与えなければならない。

A君

じゃあ、6時間だったら、休憩は要らないってことですね。あと、よくバイトとかで休憩を仕事の最後にくっ付けられたって話を聞いたりしますけど、それって、違法ってことですね。

先生

そうだね。あくまで仕事の途中で与えなくてはいけないからね。次に、**一斉付与の原則**（同条2項）。これはみんな一斉に取らせるってことだ。ただ、労使協定（↓P21）がある場合にはその例外が認められる。だから、お昼休みに、電話や来客対応の業務の必要があるような場合には、労使協定の締結が必要になってくるということだ。そして、**自由利用の原則**だ（同条3項）。労働から解放されている状態ではなくて、労働からの解放が「保障」されている状況でなければいけないんだ。ここで重要なのは、「保障」されているということ。つまり、ただ、休んでいるっていうだけじゃ休憩とはいえない。使用者から何かを命じられたりすることは一切ない状況でなくてはならないんだ。

休日

先生 最後に、休日についてだ。

A君 一般的に、週休2日制っていうところが多いと思うんですけど、週休は、2日与えなければいけないんですか？

先生 いや。労基法上は、**週に1日**与えればいいんだ（労基法35条1項）。4週間を通じ4日の休日でも構わない（同条2項）。ただ4週間の起算点を就業規則等で明らかにする必要があるがね（労基則12条の2第2項）。

先生 法定労働時間や休憩、休日について知っておくことは、働く上ではとても重要なことだよね。

A君 はい。いろいろルールが定められていることがよくわかりました。

労基法上の労働時間とは？

先生、労働時間について、ちょっと気になることがあります。自分が、ある会社で事務のバイトをしていたときのことなんですが、その会社では、新人の女子社員は、毎日、8時半までに出社して、課員全員の机を拭いたり整頓しなければならない決まりになっていて、それをやらされる女子社員たちが陰で文句を言っているのを聞いたことがあります。たぶん就業規則には、勤務時間は朝9時から夕方6時までってなっていたと思うんですよ。そうなっちゃうと、あの女子社員たちの最初の30分はタダ働きってことになってもしょうがないんですかね？

先生

そのケースでは、その義務を女性のみに課している点で、男女差別の問題もあるように思うが、そのことについてはまたあとで話すとして、それは、まさに、労基法上の労働時間の問題だ。最高裁（三菱重工業長崎造船所事件・最高裁第1小法廷平成12年3月9日）は、労基法上の労働時間とは、「労働者が使用者の**指揮命令下**に置かれている時間をいい……**客観的**に定まるものであって、労働契約、就業規則、労働協約等の定めのいかんにより決定されるべきものではない」って言っている。

ということは、就業規則の決まりに関係なく、実際に働いていたら、労働時間として扱われる可能性があるってことですね。問題は、「使用者の指揮命令下に置かれている時間」かどうかってとこですね。それはどういうふうに判断されるんですか？

先生

使用者から**義務付けられ**、または**余儀なくされ**ていて、そして、その行為に要した時間が**社会通念上必要と認められるもの**であれば、**労基法上の労働時間**となるんだ。

A君

使用者に何か命令されていないといけないということですか？

先生

そうだが、使用者から明示的に指示・命令されている場合だけじゃないんだ。黙示的に指示・命令されているような場合でも、労基法上の労働時間になり得る。使用者に強制されているものであったり、本来予定された労務遂行にとって不可欠なものであったりしたら、労基法上の労働時間になるということだ。例えば、朝礼とか準備体操とか、本来の業務のための準備・後始末の時間など、実質的に使用者から義務付けられていたり、または余儀なくされているような場合には、労基法上の労働時間になる。

ということは、あの女子社員たちのあの時間は、労基法上の労働時間であった可能性が

高いってことですね。

先生　まあそういうことになるだろうね。

A君　それと、大学の友達で、飲食店でバイトしている奴がいるんですが、お客が来ない間、店長に、「今暇だから、休憩今のうちにとっておいて」って言われて、休憩所でスマホでゲームやってたら、突然店長が入ってきて、「お客さん来たから、休憩を切り上げて、接客して」って言われて、「ゲーム、いいとこだったのに、ポイントゲットし損なっちゃった」って、ブーブー言ってましたけど、そういう場合はどうなんでしょう？

先生　実際に作業をしていなくても、使用者の指示があれば実作業を開始できる状態であれば、使用者の指揮命令下にあるといえる。鮨屋の板前さんなどの**手待ち時間**も、結果的に仕事をしないことがあっても、お客が来たら、対応せざるを得ない状態に置かれているとしたら、労働からの解放が保障されているとはいえないだろう。だから、労基法上の労働時間ということになる。また、ビル管理人の**仮眠時間**なんかも、結果として何もなくて、一晩中寝ていたとしても、仮眠室に待機して警報や電話に即時の対応が求められているような場合は、同様に、**労基法上の労働時間**ということになる。

A君　労働からの解放が「保障」されていない限り、労基法上の労働時間となるわけですね。

時間外・休日労働にはどういう規制がなされているの？

36協定──時間外労働時間の上限

先生　さあ、今度は、時間外・休日労働についてだ。時間外・休日労働を行わせるためには、労基法36条に基づき、**労使協定**（↓P21）を締結し、労働基準監督署への届出が必要になる。俗にいう**36（サブロク）協定**だ。つまり、36協定さえあれば、使用者は、労働者に時間外・休日労働を命じることができる。この制度が、長時間の時間外労働が恒常的に行われるという状態を生み出してきたんだ。

A君　ああ、前にやった労使協定によって、法規制を免れる、っていうやつですね。36協定によって、法定労働時間を超えて、労働者に時間外労働をさせても、使用者は罰を受けなくて済むっていうわけですね。

先生　うん。そういうのを、**免罰的効果**なんていうけどね。

A君　ところで、36協定に定める時間外労働については、厳しく制限されてきたんですか？

先生　いや。厚生労働大臣の告示で定める「限度基準」というのがあったけど、「特別条項」付きの36協定を締結することにより、この「限度時間」を超えて、労働させることができたから、実際には、時間外労働時間は「青天井」だったわけだ。

「働き方改革」による規制

先生　でも、やっと、2018年に法改正があって、時間外・休日労働の上限の法規制がなされることになったんだ。

A君　ああ、それって「働き方改革」っていうやつですね。

先生　そうそう。どのように変わったかについては、図表2を見て欲しい。まず、時間外労働については、原則的に、1か月につき45時間及び1年につき360時間の**「限度時間」**以内にしなくてはならないということが、初めて、労基法に定められたんだ（36条3項）。そして、通常予見することのできない業務量の大幅な増加等に伴い臨時的に労働させる必要がある場合に限って、**「特別条項」付き36協定の締結**によって、この「限度時間」を超えて労働させることが許されるとされているんだが、「特別条項」についても、初めて、労基法によって「**絶対的上限**」が定められたんだ。

A君

問題は、そこですよね。そこを厳しく規制しないと、長時間労働を抑制することはできませんもんね。

先生

そうだよね。その「**絶対的上限**」についてだが、年720時間（これには休日労働の時間はカウントされない）とされ、月45時間を超える時間外労働を設定することができるのは年6か月までとされたんだ（同条5項）。また、時間外労働及び休日労働を合算して、1か月100時間未満、かつ、複数月（2か月、3か月……6か月）ごとの平均が月80時間以内とされ（同条6項2号・3号）、そして、これらの違反には罰則が適用されることになった（6か月以下の懲役または30万円以下の罰金。労基法119条）。

A君

なんだかややこしいですね。その条件をすべて満たさないと、時間外労働させられないということなんですね。ようやく罰則付きの厳しい時間外労働規制がなされることになったという意義は大きいですね。

先生

まあ、厚生労働大臣告知だけで決められていたものから、**労基法で罰則付きの規制**となった点は、評価できる。これは、労基法史上革命的な出来事だなんていわれているけど、まだまだ国際的基準には遠く及ばないものなんだ。というのも、過労死ライン（↓P204）といわれる残業時間については、例えば、脳・心臓疾患の場合、発症前1か月間に

100時間、発症前2〜6か月間にわたって1か月当たり80時間となると、発症との関連性が強いとされているんだ。だから、上限が設けられたといっても、過労死ラインと同じレベルだからね。長時間労働を防ぐための法規制としてはまだまだ不十分で、道半ばというところなんだ。まあ、人は一度にすべてのことを成し遂げられないからね。不十分で批判のあるところではあるけれど、確かに、規制がかけられたという意義は大きいよね。

長時間労働って、「頑張ってる」って、ちょっといいイメージで捉えてきた人もいるじゃないですか。でも、それが問題なんだってことが、世間的に認識される契機となったように思いますけどね。

図表2

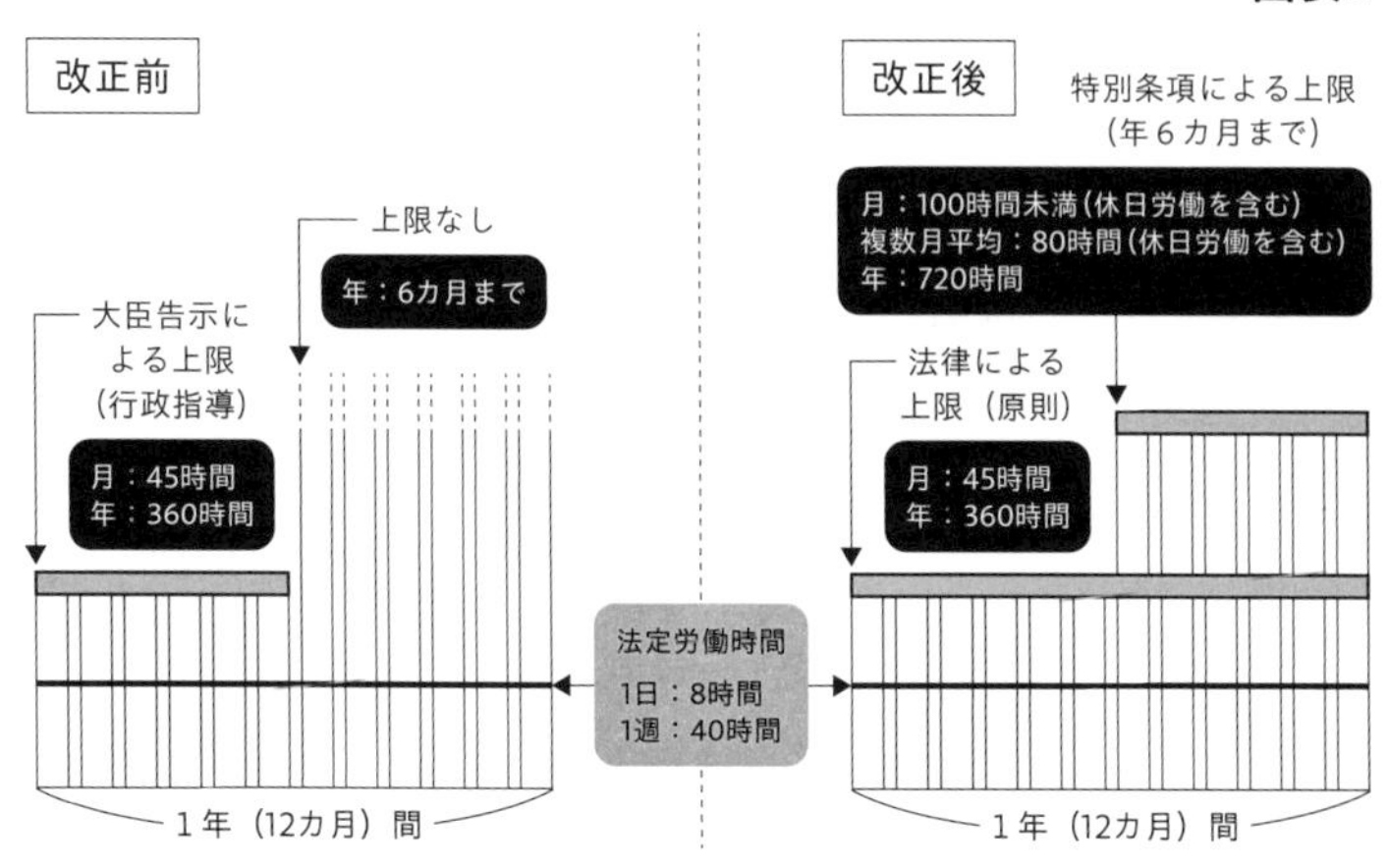

『令和4年度版厚生労働白書〔本編図表バックデータ2-1-2〕』（厚生労働省）を基に作成

先生

確かにそういうことはいえるかもしれないね。まあ、さらなる規制については、今後に期待したいところだね。

割増賃金

A君

ところで、使用者は、時間外労働をさせた場合、普通の賃金より多く払うんですよね。

先生

そう。使用者は、労働者に割増賃金を支払わなければならない。現在、割増率は、**時間外労働**の場合、「通常の労働時間又は労働日の賃金」の**25％以上**、ただし、**1か月60時間を超えた場合**は、**50％以上**（労基法37条1項）、そして、**休日労働**の場合は、**35％以上**（同条2項、割増賃金令）、また、深夜労働（午後10時から午前5時）の場合は、25％以上の割増賃金を支払わなければならないんだ（同条4項）。そして、時間外労働でかつ深夜労働の場合は、双方を足して、25％＋25％で50％以上、休日労働でかつ深夜労働の場合も同様に、35％＋25％で60％以上ということになる。

代替休暇

先生

今、1か月60時間を超える時間外労働については、50％以上と言ったが、これは、長時

先生　A君

間の時間外労働抑制のために、２００８年の労基法改正で入ったものなんだが、これを通常の割増率の25％以上で支払って、その差額分について、代替休暇を与えることもできるんだ（同条3項）。ここでもまた労使協定（↓P21）が必要だがね。

その差額部分をどうやって代替休暇に代えることができるんですか？

例えば、法定基準通りの1日8時間の職場で、労働者が1か月92時間の時間外労働をしたとしよう。まず、92時間分につき25％増しの賃金を支払う。ちなみに、２００８年の労基法改正までは、これだけで済んだんだがね。ここからが重要だ。60時間を超えた部分がどれだけあるかみると、92時間から60時間を引いて、32時間ということになるよね。60時間を超えた部分を50％にしなくてはいけないわけだけど、今のところ、25％しか支払ってないよね。そこで、この32時間に50％から25％引いた残りの25％を掛け算するんだ。そうすると、32時間掛ける0・25で、その答えは8時間ということになるよね。だからこの場合、8時間分の休暇を割増賃金の支払に代えて与えることもできるということになる。この職場の就業時間が1日8時間であるとしたら、1日分の休暇を与えることもできるということになるわけだ。ただし、代替休暇とするかどうかは労働者が決めることになるので、本人の同意が必要だけどね。

割増賃金の算定

先生：ところで、割増賃金を計算する際に、その計算のベース（**算定基礎**）となる「通常の労働時間又は労働日の賃金」（労基法37条1項）だが、①家族手当、②通勤手当、③別居手当、④子女教育手当、⑤住宅手当、⑥臨時に支払われた賃金、⑦1か月を超える期間ごとに支払われる賃金（賞与等）はそこに入れないんだ（労基則21条）。①～⑤は、労働者の個人的事情に応じて支払われ、労働時間との関連性が弱いという理由で除外となるんだ。

A君：確かに、家族手当とか通勤手当が、算定基礎に入るとしたら、家族が多い人とか遠くから通っている人とかの残業代の方が高くなっちゃって、変ですもんね。

先生：そうだよね。それと、⑥、⑦は、計算技術上困難だという理由で除外されるわけだけど、年俸制のように、業績賞与が、前年度の成績評価によって予め額が確定しているような場合、計算技術上困難という理由には該当しないよね。だから、そのような場合、賞与の額を割増賃金の算定基礎から除外することは、違法となる。

割増賃金の定額払い

A君：ところで、よく、「残業手当〇〇円」という条件で募集があったりしますが、それって問題ないんですか？

先生：直ちに違法とはならない。割増賃金を定額払いすることもできる。ただし、**通常の労働時間の賃金**に当たる部分と**割増賃金**に当たる部分とを**判別することができ**、かつ、割増賃金に当たる部分が**法定計算額以上**でなくてはならないとされているけどね（高知県観光事件・最高裁第2小法廷平成6年6月13日ほか）。

労働時間規制違反とされたらどうなるの？

労働時間規制違反の労働契約

A君
法定労働時間は1日8時間ですよね。もし、労働契約に1日9時間って書いてあって、それで合意していたような場合でも、労基法13条で、1日8時間になりますよね。

先生
そうだね。労基法に違反する部分は無効になって、労基法の基準に置き換わるからね（労基法13条）。

A君
じゃあ、ずっと知らなくて、何か月も1日9時間で働いちゃっていた場合、今後労働契約が8時間に置き換わるのはいいけど、過去に1時間多く働いた分までなくなっちゃうということになると、タダ働きってことになって、損しちゃうことになりませんか？

先生
うん。確かに、労基法には、違法な時間外労働の割増賃金支払義務について、直接規定している条文はない。でも、大丈夫。最高裁（小島撚糸事件・最高裁第1小法廷昭和35年7月14日）が、「適法な時間外労働等について割増金支払義務があるならば、違法な時間外労働等の場合には一層強い理由でその支払義務ある」と言っているから、**過去に遡って、時間外割増賃金として請求できる**ということになる。

A君

ああ、そうですよね。そうじゃなきゃ、違法に働かせておいて、「あっ知りませんでした、じゃあこれから、ちゃんとします」って、これまでの分お尻まくっちゃったら、そっちの方が使用者得しちゃいますもんね。

先生

付加金制度

そういうこともあるんで、**付加金**という制度もある（労基法114条）。労働者の請求が前提となるものなんだが、裁判所は、使用者の**不払い額**と**同一額**の支払いを使用者に命ずることができるという制度なんだ。付加金は、時間外などの割増賃金（労基法37条）請求の際、問題となることが圧倒的に多いんだが、これから取り扱うことになる、休業手当（↓P72～）（同法26条）、解雇の際の予告手当（↓P268）（同法20条）の支払義務に違反した場合、また、労働者が年次有給休暇を取得した際、その間の賃金（39条7項）を支払わなかった場合にも、労働者の請求により、裁判所は、付加金の支払いを命ずることができるんだ。この制度は、簡単にいえば、「倍返し」ってやつだよね。

A君

やり得にはならないような制度がちゃんと完備されているんですね。

退職後の労働者に対する高率の遅延損害金支払義務

先生

ハハ、まあそういうことだね。それと、もうひとつ、労働者が**退職後**に、未払時間外割増賃金等を含む未払賃金を請求して認められた場合の退職日の翌日から支払をする日までの期間について、賃金支払い確保法6条1項の遅延利率が適用されて、**14・6%**の利息を付けて**遅延損害金**を支払わなければならないことになるんだ。賃金支払の遅延損害金については、普通は、3%（民法404条2項）だから、退職労働者に対する賃金不払いについて、利率が随分高くなっているといえるよね。

A君

へえ～すごい率ですね。特に、退職者の場合、要注意ですね。やっぱり、会社も、そういうこともちゃんと知っておかないと、大変な支払をさせられることになるということですね。

先生

そうだよね。それに、訴えられれば、弁護士費用もかかるし、訴訟費用もかかる。最初からきちんと支払うものは支払っていないと、後で、とんでもない付けが回って来るっていうことだよね。人を使う人こそ、労基法をよく知っておくことが大切だよね。

legal knowledge

名ばかり管理職って？

A君

部活の先輩で、ファミレスに就職した人がいるんですけど、就職してしばらくしたら店長に抜擢されて、本人、最初はすごく喜んでいたんですが、店長になったとたん、残業代出なくなっちゃって給料が下がっちゃったみたいで。そのうえ、人手不足だから、会社にアルバイトの増員を願い出たりしたらしいんですけど、ちっとも聞き入れてもらえなくて、仕方ないから自分で人手不足の穴を埋めざるを得なくて、すごい激務になったらしくて。その挙句倒れちゃって、結局、仕事辞めちゃったんですよね。なんかひどい話だと思うんですけど。

先生

ああ、まさにそれは、いわゆる「名ばかり管理職」ってやつだな。**労基法の労働時間規制の適用除外**（労働時間、休憩及び休日についての規制の適用が除外される。ただし、**深夜労働については規制の適用がある**）になる人たちがいるんだが（労基法41条）、その中で、一番問題となっているのが、**管理監督者**（同条2号）なんだ。よく世間で管理職って呼ばれている人たちのことだ。

ああ、よく管理職になると、残業代出なくなるから、それまでより給料下がるとかいいますよね。まあ、でも、出世できたんだからいいじゃんみたいな。

でも、実は、そういう人たちは、労基法の管理監督者には該当していないんだ。

えっ、そうなんですか？　じゃあどういう人が、管理監督者に当たるんですか？

まず、「事業者の経営に関する決定に参画し、労務管理に関する指揮監督権限が認められていること」、次に、「出退勤について自由裁量の権限をもち、厳格な労働時間管理を受けない地位にあること」、そして、「一般の従業員に比べ、賃金などの処遇面で、その地位にふさわしい処遇がなされていること」を満たす人じゃないといけないとされている。

具体的には、どういうことなんですかね？

最近の裁判例で、具体的な例を挙げているものがある。ゲートウェイ21事件（東京地裁平成20年9月30日）という事件だが、そこでは、①職務内容が、少なくともある部門全体の統括的な立場にあること、②部下に対する労務管理上の決定権等につき、一定の裁量権を有しており、部下に対する人事考課、機密事項に接していること、③管理職手当等の

特別手当が支給され、待遇において、時間外手当が支給されないことを十分に補っていること、④自己の出退勤について、自ら決定し得る権限があること、という判断基準が示されていて、管理監督者該当性判断において参考になるんじゃないかと思われる。

A君 そういうのを聞くと、先輩の場合、店長という管理職扱いは、まさに名ばかり管理職だったんだなってつくづく思いますね。だって、アルバイトの増員すらも自分じゃ決められなかったわけだから、労務管理の決定権なんていうのはまったくなかったわけだし、待遇面じゃあ、給料は下がっちゃっているわけだし、出退勤に関しても、労働時間が自由たって、長時間労働せざるを得ない状況に追い込まれているわけですもんねえ。残業代節約のため、管理職にされちゃったって感じですよね。もう辞めちゃったけど、その分の残業代、取り返すべきですよね。

先生 そうだね。それと、先輩は既に退職しているんでしょ。だったら、前回触れた賃金支払い確保法が定める高率の遅延損害金の利息（14・6％）も併せて、請求したらいいと思うよ。

A君 本当にそうですね。

労働時間の把握義務

先生

ところで、労基法の管理監督者に該当した場合の話だが、「働き方改革」により、使用者は、長時間労働者を対象とする医師による面接指導（↓P195）を実施するため、その前提として、労働者の労働時間を把握しなければならないことになったんだ（安衛法66条の8の3）。

A君

使用者は、労働者が管理監督者に該当するからって、どの程度働いているか知らないとはいえないってことになったわけですね。

先生

そういうことだね。長時間労働に陥りやすい労働者の健康に配慮すべき使用者の義務が強化されたという点は評価することができるよね。

労働者には時間外労働義務があるの？

先生

就業規則において36協定の範囲内で労働時間を延長して労働させることができる旨定められているときは、その規定の内容が合理的なものである限り、もちろん、周知されていることが前提だが、労働者は労働時間を超えて働く義務を負うことになる（労契法7条）。このことは、最高裁（日立製作所武蔵工場事件・最高裁第1小法廷平成3年11月28日）も明言しているところだ。36協定がちゃんとしたものなら合理性は肯定されるから、まあ、普通は、**労働者は時間外労働義務を負う**ということになるよね。

A君

え？　プライベートな時間であるはずなのに。

先生

そうだよね。だから、業務上の必要性が実質的になかったり、労働者側に残業することができないやむを得ない理由があるような場合には、権利濫用ってことにはなる可能性がある（労契法3条5項）。また、使用者には労働者に配慮する義務があるからね（同条3項）。育児・介護については後で触れるけど、幼い子を養育する人や要介護状態にある人を介護する人の時間外労働を免除する制度もあるんだ。そういう動きは、労働者のプライベートの尊重を促しているように思えるよね。家庭の事情がある場合なんかは、労働者のプライベートライフを尊重した上でないと、今後、権利濫用になる可能性が高まっていくんじゃないかと思うけどね。

legal knowledge

労働時間のみなし制―働いたとみなす制度

事業場外労働のみなし制

A君　外回りの営業の人とかってどうやって働いた時間をカウントするんですか？

先生　そのような働き方をする人のために、事業場外労働のみなし制（労基法38条の2）という制度がある。所定労働時間などの一定時間労働したものとみなす制度だ。ただ、**労働時間の算定が困難な場合に限られる**けどね。

A君　なるほど。デパートの階段の近くで、営業の人らしきサラリーマンが昼寝したりしているのを見たことがありますが、あれも、労働時間ってみなされるんですか？

先生　その可能性はあるね。この制度の場合、例えば、途中昼寝をしていて、実際に働いた時間が7時間でも、8時間労働したってみなされることになるからね。でも、外で働いていても、情報機器などで、使用者が間接的にせよ労働者の労働時間を把握できるときには、労働時間の算定が困難な場合には当たらないから、この制度は適用されないんだ。

最近では、情報機器が発達してきているから、昼寝するのもなかなか難しくなってるんじゃないかね。

近頃多くなった在宅勤務なんかも、それに該当するんですか？

在宅勤務で、事業場外労働のみなし制の対象とするには、さっき言った労働時間の算定が困難だという条件が満たされていなければならない。厚生労働省のガイドラインによれば、使用者が、労働者を、常時通信可能な状態に置いておらず、使用者の具体的な指示に基づいて業務を行っていないような場合には、事業場外のみなし制の適用が可能になる旨示されている。でも、パソコンの使用時間の客観的な記録や自己申告制によって労働時間を把握している場合が一般的だろうから、ほとんどの場合、事業場外労働のみなし制には該当しないんじゃないかな。

なるほど。今や情報機器を利用して労働時間管理することはできますもんね。

あと、これから触れる裁量労働のみなし制も同様だが、**労働時間のみなし制**においては、労基法上の労働時間に関する規制の適用に関して、労働時間の算定のみが適用にならないというだけで、**休憩、休日、深夜労働についての規制は適用される**ことになるから、この点については、注意が必要だ。

先生

裁量労働のみなし制

労働時間のみなし制としては、事業場外労働のみなし制以外に、今、言った、裁量労働のみなし制という制度がある。事業場外のみなし制は、外回りとかで、労働時間を算定することが困難な場合の制度だったが、こちらの制度は、労働時間を算定することはできるんだけど、裁量的な仕事をしているから、どれだけの仕事をしたかを、労働時間ではかるより、成果ではかる方が適している労働者のための制度なんだ。実際の労働時間数にかかわりなく、一定の時間労働したとみなす制度だ。この制度には、**専門業務型**（労基法38条の3）と、**企画業務型**（労基法38条の4）がある。

A君

でも、そうなると、裁量労働ってことにして、みなし時間を8時間以下とした場合、どんなに働いても、割増賃金はもらえないってことになるんですよね。それって、悪用されるととんでもないことになりませんか？

先生

だから、そうならないために、その導入には、厳しい要件が課されているんだ。

専門業務型裁量労働制

まず、専門業務型裁量労働制が適用されるのは、**厚生労働省令が定めた**、研究開発、システムエンジニア、新聞、雑誌などの取材・編集、プロデューサー・ディレクター、デザイナー、大学教授、公認会計士、弁護士、建築士などの業種に限られる。そして、対象業務、みなし時間を、労使協定（↓P21）で定めることになる。そのほか、健康福祉確保措置や苦情処理措置等も労使協定に定めなければならない。これに加え、2024年4月1日からは、労使協定に、本人の同意を得ること及び同意しない労働者への不利益取扱いの禁止などについて、定めなければならないことになったんだ。そして、この労使協定は、所轄の労働基準監督署長への届出が必要になる。

先生

企画業務型裁量労働制

次に、企画業務型裁量労働制だが、適用業務としては、事業運営に関する企画、立案、調査・分析の業務で業務の性質上業務遂行の方法を大幅に労働者の裁量に委ねる必要があるため、使用者がその業務の遂行の手段や時間配分の決定について具体的な指示をしない業務であり、適用労働者としては、その業務を適切に遂行するための知識・経験等をもつ者とされている。具体的には**経験を積んだホワイトカラー**が対象となる。この制度を導入するためには、対象業務、対象労働者、みなし時間、健康福祉確保措置、苦情処理措置、対象者の同意を得なければならないこと及び同意しない労働者への不利益取扱いの禁止などについて、**労使委員会**の5分の4以上の多数決での決議が必要で、かつ、使用者は、その決議を所轄の労働基準監督署長に届出なければいけない。

A君
労使委員会って、いったいどういうものなんですか？

先生
賃金、労働時間その他の労働条件に関する事項を調査審議し、事業主に対し意見を述べることを目的とし、**使用者**及びその事業場の**労働者を代表する者**で**構成される委員会**のことだ（労基法38条の4第1項・41条の2第1項）。

A君
なんか、企画業務型の方は導入するのがかなり面倒なような気がしますが。

先生
うん。専門業務型だと業務が決まっているからいいけど、企画業務型だと、いわゆるホワイトカラーを対象とするものだから、適用対象をむやみに広げられても困るので、専門業務型よりも要件が厳しくなっているんだ。

労働時間の把握義務と健康福祉確保措置

A君：なるほど。でも、こういった制度って、成果を上げたいと考えるあまり、長時間労働をしてしまい、健康を害してしまう労働者を多数生み出す結果となったりしませんか？

先生：使用者は、本人が勝手に働いているからって、知らん顔はできないんだ。管理監督者のところでも言ったように、長時間労働者を対象とする医師による面接指導（↓Ｐ１９５）を実施するため、使用者は、労働者の**労働時間**を**把握**しなければならないとされているし（安衛法66条の8の3）、さっき、言ったように、労使協定あるいは労使委員会の決議で定められた**健康福祉確保措置**を取らなければならないことになっているからね。

裁量労働のみなし制適用についての本人の同意

先生：君が言うように、裁量労働のみなし制は、下手をすると本人にとって不利益になる可能性もある制度だよね。だからこそ、本人同意というのは重要になってくる。これまで、企画業務型裁量労働制の適用に当たってのみ、**労働者本人の同意**を得る必要があり、また、労働者が**同意をしなかった場合の不利益取扱いが禁止**されてきたが、先ほども言ったように、２０２４年４月１日から、専門業務型裁量労働制においても、同様の取扱い

がなされることになったし、ほかにも、同意の撤回の手続きと同意とその撤回に関する記録を保存することも、労使協定や労使委員会の決議で定めることが必要となったんだ。

労働者の同意を得ることと、同意しなかった場合の不利益取扱い禁止ばかりでなく、同意の撤回についても規制がなされてきているんですね。本人同意に関する規制が強化されているということですね。

そういうことがいえるよね。こういう働き方をする人についても、健康管理のために労働時間を把握しなければならなくなった点や、働き方について本人同意が尊重されるようになった点は、大いに評価できるように思う。

「働き方改革」で導入された「高度プロフェッショナル制度」

制度導入のための要件

先生　次は、**高度プロフェッショナル制度**（労基法41条の2）について取り上げよう。よく**高プロ**なんて呼ばれるやつだ。成果をベースにして報酬を支払う制度だ。実労働時間と切り離した労働時間管理が可能となる。労働委員会（↓P107）の5分の4以上の決議、所轄の労働基準監督署への届出などを要件として実施することができる制度だ。この制度においても、**労働者本人の同意を得る必要**がある。また、制度の適用に労働者が**同意をしなかった場合の不利益取扱いが禁止**され、本人同意は撤回可能で、同意の撤回について不利益取扱いを行ってはならないとされている。具体的な業務内容は、法律ではなく、厚生労働省が省令で決めることになっている。金融商品の開発業務、金融商品ディーリング業務、アナリスト業務、コンサルタント業務、研究開発業務などが対象とされる。

A君　超高級タワマンに住んでいそうな人たちですね。

先生　うん。相当高い給料の人たちが前提とされている。平均年収額の3倍の額を相当程度上回る水準とされていて、厚生労働省令は年収1075万円以上であることを要件としている。

A君　労基法の労働時間規制の適用除外になるんですよね？

先生　そう。高プロには、労基法の労働時間、休憩、休日及び深夜労働に関する規定、つまり、労基法上の**労働時間規制が一切適用にならない**んだ。管理監督者に適用になる深夜労働の規制までもが外れてしまうんだ。

健康管理時間の把握義務と健康福祉確保措置

A君　年収の要件がついていますから、誰でもっていうことはないから少しはいいけど、これまた、長時間労働の放任みたいなことになる危険性がありませんか？

先生　そうなんだ。本人が勝手に働いているっていう事態になりかねないからね。そこで、使用者は、労働者の在社時間及び事業場外の労働時間を把握しなければいけないことになっている（労基法41条の2第1項3号）。これを「**健康管理時間**」というんだ。

A君　ということは、労働時間規制は及ばないけど、だからって、使用者は、「何時間働いているか知らない」とはいかないってことですね。ちゃんと把握しなければならないってことですね。

そういうことだ。そして、使用者は、**健康福祉確保措置**を取らなければならないことになっている。健康管理時間が一定時間を超える場合には、その者に必ず医師による面接指導を受けさせなければならない（↓Ｐ195）。あと、1年間を通じ104日の休日を確保すること（労基法41条の2第1項4号）。これは、だいたい週休2日相当になる。そのうえで、選択的措置として、次の4つのいずれかの措置を取らなければならないとされている（労基法41条の2第1項5号）。①いわゆる勤務間インターバル制度の導入及び深夜労働の回数を制限すること、②1か月または3か月の健康管理時間を厚生労働省令で定める時間にすること、③1年に2週間連続の有給休暇を与えること、④臨時の健康診断を実施すること、のいずれかだ。これらのうち、①の勤務間インターバル制度が義務化されていないのは問題だといわれている。

A君

勤務間インターバル制度って、どういうものですか？

先生

勤務間インターバル制度とは、終業から次の始業までの間の時間を一定程度空けなければいけないという制度のことだ。これは、労働者が身体を十分に休ませることができることを意味するからね。欧州諸国では義務化されているものだ。

A君 なるほど。休む時間の方を一定時間確保するという制度なんですね。日本でも、そういった制度が、義務化されるべきですね。

先生 この間テレビで、勤務間インターバル制度を導入した会社が取り上げられていたけど、夜勤の担当者が「夜勤明けに十分身体を休めることができるようになって、身体が楽になった」と言っていた。休む時間を確保することは、健康保持のために極めて重要なことだよね。今後義務化される方向で検討されることが望まれるよね。

弾力的労働時間制―変形労働時間制・フレックスタイム制

変形労働時間制

先生　次は、変形労働時間制について。変形労働時間制とは、一定の単位期間について、労働時間の配分をあらかじめ特定し、週あたりの労働時間数の平均が週の法定労働時間40時間の枠内に収まっていれば、その期間の中で労働者を法定労働時間を超えて働かせても、特に労基法上問題なしとする制度だ。

A君　つまり、暇な時期の労働時間を短くして、その減らした分で、忙しい時期を長くして、単位期間全体を平均して、1週の法定労働時間を超えなければいいってことですね。

先生　まあ、そういうことだね。ちょっと、図表3を見て欲しい。まず、1か月単位の変形労働時間制（労基法32条の2）では、使用者は、労使協定（↓P21）または就業規則その他これに準ずるもので単位期間における各週・各日の労働時間を具体的に特定しておく必要がある。特定しておくことは極めて重要だとされている。特定されていない場合、変形労働時間は認められないことになるからね。

図表3

変形労働時間制の要件			
変形制	1カ月単位	1年単位	1週間単位
対象期間	1カ月以内	1カ月を超え1年以内	1週間
業種制限	制限なし	制限なし	労働者30人未満の小売業・旅館等
導入手続	労使協定（届け出）又は就業規則	労使協定（届け出）	労使協定（届け出）
週平均労働時間	40時間以内※4	40時間以内	40時間以内
1日・1週の上限	制限なし	1日：10時間 1週：52時間※1	1日：10時間
労働日・労働時間の特定	労使協定又は就業規則による事前の特定	労使協定による事前の特定※2	当該週の前週までに書面で通知※3
連続労働日数	制限なし	原則6日（労使協定で定めた場合12日）	制限なし

※1　対象期間が3カ月を超える場合には、（1）48時間を超える週が連続して3週を超えないことが必要となる。また、（2）各期間において、48時間を超える週が3週を超えないことも必要である。

※2　対象となる期間を1カ月以上にする場合には、最初の期間以外の期間の労働日および各労働日の労働時間は、その期間が開始する30日前までに、過半数組合または過半数代表者の同意を得て特定する。

※3　やむを得ない事由がある緊急の場合には、前日までに労働者に書面で通知すれば、事前に通知しておいた労働時間を変更することができる。

※4　特例時間適用事業場については44時間以内

A君　でも、その都度、就業規則とかで、特定するのって難しくないですか？

先生　それについては、変形期間開始前までの勤務割表などによる特定でもよいとされている。

A君　なるほど。ところで、何で就業規則に準ずるものとされているんですか？

先生　常時10人以上の労働者を使用しておらず、就業規則作成義務のない使用者についてのみ、就業規則に準ずるものでよいとされているんだ。次に、1年単位の変形労働時間制（32条の4）だが、こちらは、労使協定に、1か月を超えて1年以内の一定の期間を特定する必要がある。この制度だと、増やせる時間については、制限があって、1日10時間、週52時間が上限とされている。最後に、1週間単位の変形労働時間制（労基法32条の5）だが、これは、小売業、旅館、料理店、飲食店であって、常時使用する労働者が30人未満の事業において、労使協定の締結を条件に、1週間ごとに、開始までに各労働日の労働時間を労働者に書面で通知することにより、1日10時間まで労働させることができる、というものだ。これらの制度について、注意すべき点について、図表3に示したので、そちらを見て欲しい。ちなみに、いずれの変形労働時間制を導入する場合であっても、労使協定は、所轄の労働基準監督署長への届出が必要になる。

フレックスタイム制

先生

次に、**フレックスタイム制**（32条の3）。フレックスタイム制とは、一定期間（清算期間。3か月まで可能）、決められた時間数働くことを前提に、労働者が出退勤の時間を自由に決められるという制度だ。

A君

育児とか介護を行うような労働者にとっては、ありがたい制度ですよね。

先生

そうだね。この制度を導入する場合、まず、就業規則その他これに準ずるものに、「始業及び終業時刻の決定は労働者に委ねる」と規定する。そして、労使協定において、対象労働者の範囲、3か月以内の清算期間、1日の労働時間数、**コアタイム**（必ず全員が勤務する時間）を定める場合はその時刻及び**フレキシブルタイム**（労働者が自由に選べる出退勤の時間帯）の時刻を定める。2018年改正で、清算期間が、それまで1か月までだったのが、3か月までに拡張されたんだ。もちろん、総労働時間は、清算期間全体で、1週あたりの平均が週40時間以内になるようにしなければいけないわけだが、これに加え、清算期間が1か月を超える場合には、1か月ごとの1週間の平均が50時間を超えないようにして定めなければいけない（労基法32条の3第2項）。清算期間が1か月を超える場合には、労使協定の所轄の労働基準監督署長への届出が必要になる。

複数の会社で働く労働者の労働時間ってどうカウントされるの？

先生

現在、政府は、副業・兼業促進政策を推進している。その理由として、労働者が、収入を増やすことができることや、労働者がスキルアップを図ることができることなどが挙げられている。

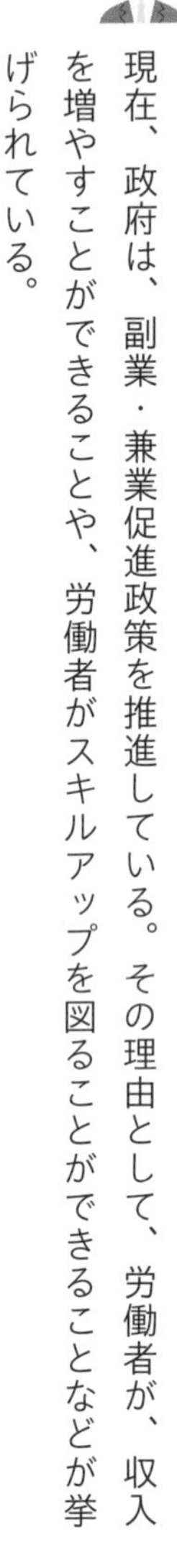

A君

労働者が働いた労働時間は、通算されることになるんですよね。複数の使用者が労働者の実労働時間を把握するのはすごく難しいことではないですか？

先生

そう。**労働時間は通算**されることになる（労基法38条1項）。君がいうように、複数の使用者の下での実労働時間を客観的に把握することは極めて困難なことだよね。そこで、副業・兼業を行うかどうかが労働者自身の自主的判断に委ねられているなどの理由から、労働時間の把握については、労働者の自己申告によるということにされているんだ。

A君

そうなんですか。じゃあ、労働者が労働時間を自己申告するとして、どういうふうに通算することになるんですか？

先生

それを説明するために、先に契約した会社をA社、後から契約した会社をB社とすることにしよう。まず、A社とB社が、労働者の自己申告によって、それぞれの所定労働時間を確認する。そして、時間外労働について、厚生労働省のガイドラインは、簡便な労働時間の把握方法として、「管理モデル」を示しているんだが、これによれば、A社が利用可能な時間外労働枠を設定し、残った枠内のみで、B社が労働者の時間外労働枠を設定するということになる。使用者は、他の使用者の下での実労働時間を把握しなくても、この設定した枠内で労働させれば、労基法違反は生じないというものだ。

A君

最初から、それぞれの所定労働時間を知り、時間外労働時間枠が設定されていれば、その枠内での時間外労働が許されるわけだから、簡単と言えば簡単ですよね。ところで、時間外割増賃金はどっちが払うことになるんですか？

先生

時間外割増賃金に関しては、**原則的に後から契約を締結した会社が支払う**ことになるとされている。例を挙げると、A社の所定労働時間が6時間、B社の所定労働時間が3時間だとした場合、労働者の労働時間は9時間になるわけだが、1時間分の割増賃金は、B社が支払うということになる。また、A社とB社の所定労働時間がそれぞれ3時間で、A社でこれを2時間オーバーして時間外労働をさせ、B社が1時間オーバーして時間外労働をさせた場合、労働者の労働時間は9時間になるわけだけど、この場合も、1時間の時間外割増賃金は、Ｂ社が支払うことになる。

A君
先に契約した会社の方の労働時間から法定労働時間が先にカウントされるということになるんですね。

先生
そういうことだ。ただ、例えば、Ａ社の所定労働時間が４時間、Ｂ社の所定労働時間が４時間で、労働者が、Ａ社で、所定時間を１時間オーバーして、５時間、Ｂ社で４時間働いた場合、労働時間が９時間になるわけだけど、その場合、Ａ社が、１時間の時間外割増賃金を支払うことになる。

A君
なるほど。両方の会社の労働時間の総時間が法定労働時間に達している場合は、時間外労働をさせた会社が時間外割増賃金を支払うことになるわけですね。

先生
時間外労働に関しては、「働き方改革」で時間外労働の上限規制に関する労基法違反に罰則が設けられたから、今後、複数の会社で働く労働者が増加していく中で、さまざまな問題が生じるんじゃないかと危惧されるがね。

第5章

休むための原則

legal knowledge

年次有給休暇——休みたいときに休めるの？

年休権の成立と年休取得

先生　次は、**年次有給休暇**、これを**年休**というが、ここで取り上げよう。

A君　お給料をもらいながら休める制度ですよね。入社後すぐにもらえるものなんですか？

先生　いや。そうじゃないんだ。次の要件を満たさなければならない。入社日から起算して、**6か月間継続勤務**をしていることと、**全労働日の8割以上出勤していること**が求められる（労基法39条1項）。だから、4月1日に入社した場合、9月末まで8割以上出勤すれば、10月に、10日間の年休がもらえるということになる。図表4－1に示したようにその後も同様に勤めれば、年休の日数は比例的に増えていく。

A君　年休は、正社員しかもらえないんですよね？

先生　いや、そんなことはない。図表4－2を見て欲しい。アルバイトとかでも、働いている日数や時間に応じて、フルタイム労働者より少ない日数の年休が比例的に付与される（同条3項。労規則24条の3）。

え？　そうなんですか。知らないと損しちゃいますね。ところで、いつ休むか、労働者自身で決められるんですよね？　でも、年休を使う理由を言わなくちゃいけませんよね。

それを「**時季指定権**」と呼ぶが、年休は自由利用が原則ということになっているから、労働者は、いちいち理由を言う必要はないんだ。

でも、会社から、ダメだって言われることもあるんで

（1）一般の労働者　　図表4－1

継続勤務年数	0.5	1.5	2.5	3.5	4.5	5.5	6.5以上
付与日数	10	11	12	14	16	18	20

参照：労基法39条

（2）週所定労働時間が30時間未満の労働者　　図表4－2

週所定労働日数	1年間の所定労働日数	継続勤務日数						
		0.5	1.5	2.5	3.5	4.5	5.5	6.5
5日以上	217日以上	10日	11日	12日	14日	16日	18日	20日
4日	169日から216日まで	7日	8日	9日	10日	12日	13日	15日
3日	121日から168日まで	5日	6日	6日	8日	9日	10日	11日
2日	73日から120日まで	3日	4日	4日	5日	6日	6日	7日
1日	48日から72日まで	1日	2日	2日	2日	3日	3日	3日

参照：労基則24条の3第3項

すよね。

先生 確かに、使用者には、「**時季変更権**」と呼ばれる権利があって、「**事業の正常な運営を妨げる場合**」には、これを行使できることになっている（同条5項但書）。時季変更権といっても、時季変更権を行使する際に別の日を提示する必要はないので、結局のところ、これは「その日はダメ」というのと同じことになるよね。

A君 そんなの認められたら、結局休めないことになりませんか？　だって、必要だから労働者を雇っているんで、休まれたら困るに決まっているじゃないですか？

先生 そういうことだよね。使用者の時季変更権を緩く認めたら、労働者はおおよそ休めなくなる。だから、最高裁は、使用者は、労働者が指定した日に休めるように、「状況に応じた配慮」をしろと言っていて、使用者の時季変更権を安易に認めない姿勢をとっている（弘前電報電話局事件最高裁第2小法廷昭和62年7月10日）。具体的には、勤務割を変更して代替勤務者を配置するとか、外から人を一時的に雇うとか相応な配慮をして、労働者が休めるようにしなくてはならないということだ。

A君 じゃあどういう場合、使用者の時季変更権の行使が許されるんですか？

先生

最高裁は、研修中の年休取得について、時季変更権の行使を認めている（日本電信電話事件・最高裁第2小法廷平成12年3月31日）。研修中っていうのは、必要な知識や技能を習得するための訓練期間だったりするからね、ここで休まれるとその後の仕事に支障をきたす可能性が高いよね。

A君

そういう特殊な事情が必要なわけですね。

先生

まあ、それはいいんだが、最高裁は、労働者の長期休暇について冷たいんだ。労働者が事前調整しないで1か月の長期連続休暇を指定したケースでは、使用者にある程度の裁量的判断の余地を認めざるを得ないとして、その一部について行使した時季変更権を有効としている（時事通信社事件・最高裁第3小法廷平成4年6月23日）。これは、長期で連続した年休取得に限っての判断だと考えられる。

A君

やっぱり、日本の場合、コマ切れでとるのが、前提になっちゃっているんですかね。ところで、一度付与された年休って、1年以内に使わないとなくなっちゃうんですか？

先生

いや、**年休権の消滅時効は2年**（労基法115条）だから、取得した年休は、その1年はもちろん保有しているわけだが、次の1年にも繰り越せる。

A君

ああ、よく繰り越しって聞きますよね。あと、お盆の時期とか、一斉に休みになったりするじゃないですか？　あれにも年休が使われているんですか？

先生

計画年休のことだね。個々の労働者の年休のうち5日を超える部分について、労使協定（↓P21）に定めることで、使用者は、集団的、計画的に年休を付与することができるんだ（同条6項）。今、君が言ったのは、事業場全体の一斉付与のケースだか、他の方法としては、班別に付与したり、計画表による個人別付与なんかがある。

A君

なるほど。年休って、権利としてあってもなかなか自分で行使しにくいものですもんね。皆で休めば、休みやすいってことですね。

先生

労働者が年休権を行使しにくいことはずっと指摘されてきたことなんだ。その状況を解消するために、使用者に**時季指定義務**が課されることになったんだ（同条7項・8項）。10日以上の年休権をもつ労働者について、労働者の取った年休が5日に満たない場合に、使用者は、年休権が発生した日から1年以内に、時季指定により年休を取らせなければいけなくなったんだ。例えば、労働者が計画年休ですでに3日年休を取っていた場合、使用者の時季指定義務は、2日ということになる。この義務違反には、30万円以下の罰金が科されることになる（労基法120条）。

A君　逆転の発想ですね。労働者が権利として行使しにくいなら、使用者の方に義務付けちゃえということですね。

年休取得と不利益取扱い

A君　ところで、年休を取って、不利益な目に遭わされたりすることはないんでしょうか？

先生　年休を取ったことで不利益な取扱いをしてはならないことになっている（労基法附則136条）。でも、最高裁（沼津交通事件・最高裁第2小法廷平成5年6月25日）は、年休取得による不利益取扱いがストレートに違法無効になるとは捉えず、年休を取得する権利の行使を抑制し、ひいては同法が労働者に権利を保障した趣旨を実質的に失わせるとされるものに限って、その不利益取扱いを違法無効とすると判断を示している。そして、最高裁は、勤務予定表作成後に年休を取ってしまうと皆勤手当がもらえなくなるという不利益取扱いについて、その観点から、そういった取扱いは無効にはならないとしたんだ。この最高裁の判断に対しては、年休取得日は、出勤した日と同等に取り扱うべきだなどと、根強い批判がなされているがね。

A君　じゃあ反対に、どんな場合に、労基法が禁ずる不利益取扱いに当たると判断されている

んでしょうか？

先生

昇給について、出勤率の算定にあたり年休取得日を欠勤日として扱った事件（日本セーリング事件・最高裁第1小法廷平成1年12月14日）、賞与の算定において、年休取得日を欠勤日として扱った事件（エス・ウント・エー事件・最高裁第3小法廷平成4年2月18日）では、それらの取扱いが不利益取扱いに当たるとして、無効とされている。

A君

不利益か不利益じゃないかの線引きって、どこにあるんでしょうか？

先生

どこに線引きがあるのか、はっきり指摘することはできないけど、特に、昇給について、最高裁（前掲・日本シェーリング事件）は、「賃金引上げ対象者から除外された者に生じる不利益が後続年度の賃金において残存し、ひいては退職金額にも影響するものと考えられる」と言っているから、影響がその年だけの皆勤手当の取扱いと違って、昇給の場合は不利益が先々続いていくことを重要視しているようにもみえるよね。そのことが、年休取得をやめておこうとする抑制力として働くと判断している感じだよね。

年休をめぐる日本の状況

A君

ところで、外国なんかじゃ、年休全部使い切るのが当たり前だったりするって聞きますよね。日本の現状って、国際的な観点から、どうなんでしょうか？

先生 日本でも、年休消化率向上のために、労基法の改正が繰り返されてきていて、最近では、年休消化率が少し増えて50％後半くらいにはなってきているから、少しは改善されてきているといえる。とはいっても、なおＯＥＣＤでは最下位というのが現状なんだ。

A君 え？　日本って、すごい年休後進国なんですね。取得率が低いとは思っていましたけど、そこまでひどいとは思っていませんでした。

先生 そうなんだ。ＩＬＯ（国際労働機関）条約では、「最低６日間は分割を許さない」という分割禁止規定が置かれ、かつ、年休付与において一定以上の出勤率を条件としてはならないとされ、また、疾病に基づく就労不能期間を年休の一部とすべきではないとしているんだ（35号条約・１９３６年）。そのほか、年休日数を一年につき最低３労働週として、そのうち２労働週は継続して与えるべきだとしているんだ（１３２号条約・１９７０年）。

A君 日本では、さっきの最高裁（前掲・時事通信社事件）が、長期休暇に厳しい判断をしているし、年休付与には一定以上の出勤率が求められるし、いつ病気になるかわからないから、年休をキープしておこうと考える人も多いですよね。結局全部、ダメじゃないですか。

先生

日本は、未だ、これらの条約を批准できないでいる。

A君

取得率が低い原因を明らかにして、改善していくべきですね。

先生

そうだね。労働者が年休取得しやすいよう、職場にその影響が極力出ないよう使用者が十分配慮することが重要だよね。また、上司の心証を損ねることを恐れて、取得できない場合もあるよね。年休取得でいかなる不利益も許されないことが前提となるべきだと思う。あと、ＩＬＯ条約でも指摘されているように、年休とは別に病欠などを取ることができることが、一般化されなければダメだと思う。

A君

自分が遠慮しているのに、「何だ、お前は」みたいなところありますもんね。あらゆる人が「年休をすべて取得するのは当たり前のことなんだ」という共通認識をもつべきですね。そうしたら、自分も休むんだから、他の人が休むのも当然と普通に思えますもんね。

第6章

労働条件は変えられるの？

労働条件の変更についての合意原則

先生

合意による労働条件の変更

まず、大前提として押さえておきたいのは、労働契約は、あくまで、労働者と使用者が対等な立場で合意に基づき締結し又は変更することが基本となっているということだ（労契法3条1項）。ところで、労働契約は長期にわたるものだからねえ、社会状況が変化することによって、企業が、当初合意した労働条件をどうしても実現することができなくなるということが起こり得るよね。当然、**労働条件を変更**するには、**労働者と使用者の間で合意が必要になる**（労契法8条）。ただ、以前触れたように、就業規則には最低基準効（労契法12条）（↓P36）があるから、就業規則を下回る合意をした場合、その合意は無効とされるがね。

A君

就業規則を下回る労働条件でなければ、労働者と使用者の合意によって、労働契約の内容を変更することができるわけですね。

就業規則を用いた労働条件の変更についての合意原則

先生

そういうことになるが、そのほか、就業規則を用いて、労働条件を変更することもできる。これに関しても、合意原則が定められている。労契法9条は「使用者は、労働者と合意することなく、就業規則を変更することにより、労働者の不利益に労働契約の内容である労働条件を変更することはできない」と定めている。これをそのまま反対に解釈すると、**使用者は、労働者と合意**すれば、**就業規則の変更**により、**労働条件を変更することができる**ということになるよね。

A君

つまり、ここまでの話をまとめると、労働者と使用者が、労働条件を変更するには、労働契約を両者の合意によって変更するか、就業規則を両者の合意によって変更するかということになるわけですね。

先生

そういうことだ。

就業規則の不利益変更への同意

A君

でも、ちょっと聞いた話なんですが、就業規則の変更のたびに、ひとりずつサインさせてハンコを押させる会社があるらしくて、そこに勤めていた人が、「上司の命令なんでとても逆らえるもんじゃなかった」って言ってました。「合意で決める」なんて言っていて、大丈夫なんでしょうか？

そういうことってあるみたいだね。君が言うように、労働者が同意したとしても、労働者の場合、本心からの同意じゃない場合が結構多いからね。その点について、最高裁は、山梨県民信用組合事件（最高裁第2小法廷平成28年2月19日）で、同意書への署名押印という労働者の行為をもって、直ちに労働者の同意があったとみるのは相当ではないとして、①その変更によってもたらされる不利益の内容及び程度、②労働者のその行為（署名押印）がなされるに至った経緯や態様（様子）、③その行為に先立つ労働者への情報提供又は説明の内容等に照らして、**労働者の同意が**労働者の**自由な意思**に基づいてされたものと認めるに足りる**合理的な理由が客観的に存在する状況**で行われたかという観点から検討しなければならないとしているんだ。

A君

ああ、その労働者の同意の判断は、賃金から控除することの同意の問題のところで出てきたのと同じですね。

先生

そうだね。賃金からの控除と同様、労働者の同意については、労働者の置かれた立場を考慮して、慎重に判断しないといけないからね。そして、この事件では、最終的に、管理職員らには、本件基準変更に同意をするか否かについて自ら検討し判断するために必要十分な情報が与えられておらず、管理職員らによる同意書への署名押印はその自由な意思に基づいてされたものとはいえないとして、管理職員らが同意をしたとは認められないとの判断がなされたんだ。

労働条件を変更する場合、労働者の同意が原則となるけど、特に不利益に変更する場合には、労働者の同意のあり方も、労働者の置かれた立場を考えて、真の同意かどうかを検討するということですね。労働者に、同意書にサインさせハンコを押させさえすればいいってもんじゃないってことですね。

そういうことになるね。使用者も、その点をよく理解しておく必要があるよね。

就業規則を使って労働条件を引き下げることはできるの？

A君

これまで、労働条件を変えるには、労働契約であれ、就業規則であれ、労働者と使用者の合意がなければいけないということでしたけど、例えば、会社の経営が行き詰まったりして、労働条件を下げなきゃ会社が潰れるみたいなことになって、でも、労働者がどうしても嫌だと言って頑張ったために、労働者の合意が得られず労働条件を変えられないとなると、会社としてはすごく困った事態になりませんか？

就業規則による不利益変更の合理性審査

先生

そうなんだ。だから、合意しない労働者がいても、例外的に、**変更された就業規則が周知され**、かつ、その**内容が合理的であれば**、**就業規則を使って、労働者の労働条件を変えることができる**という制度になっているんだ（労契法9条但書・10条）。

A君

でも、それってこれまでみた労働契約の合意原則からいうと、真逆で、矛盾しませんか？

先生
まあ、そうなんだが、労働者が変更を認めないということになると、使用者としては、もうその労働者を雇い続けることはできないということになるよね。その場合、契約を解除する、つまり、解雇せざるを得ないことになるわけだが、日本では、使用者が労働者をおいそれと解雇できないことになっているから、じゃあ、その代わりに、使用者に合理的範囲なら就業規則を変更する権限を認めましょうということになるわけだ。

A君
へえ～そうなんですか。ということは、合理的かどうかが決め手となるってことですよね。合理的かどうかって、具体的にどんなことを検討するんですか？

先生
労契法10条によれば、次のような要素を検討することになる。「①労働者の受ける不利益の程度」「②労働条件の変更の必要性」「③変更後の就業規則の内容の相当性」「④労働組合等との交渉の状況」「⑤その他の就業規則の変更に係る事情」だ。

A君
なんだか、すごく複雑で難しいですねえ。

先生
順を追って、説明すると、まずは、「①不利益の程度」では、どんな不利益があるのかを明らかにして、その明らかにした「①不利益の程度」と、会社がいうところの就業規則を変更せざるを得ない事情である「②変更の必要性」を**比較衡量**することになる。

A君

ヒカクコーリョーって何ですか？

先生

対立する当事者の権利・利益を、天秤のお皿にそれぞれを乗せて、どっちが重いかを検討するということだ。そして、「②変更の必要性」についてだが、賃金、退職金などの**重要な労働条件の変更**には**高度の必要性**が求められるとされていて、より厳しく（重く）判断することになるんだ。この①と②の比較衡量を軸に、「③変更後の就業規則の内容の相当性」を加味して検討していくことになる。「③変更後の就業規則の内容の相当性」としては、具体的に、不利益に対する代償措置、変更に関連してなされた労働条件の改善状況、不利益の軽減措置・経過措置、世間一般の労働条件や同業他社の労働条件に比べ遜色がないかなどを検討することになる。これらの要素がより多く認められれば、合理性判断がプラスの方向に働き、逆にあまり認められない、あるいは、まったく認められなければ、合理性判断がマイナス方向に働くことになる。ここに、「④労働組合等との交渉の状況」、つまり、労働組合とちゃんと協議を行い、多数組合が変更に同意しているなどの状況があれば、合理性判断がプラスの方向に働くことになり、そうでなければ、合理性判断がマイナスの方向に働くことになる。そして、これらに、「⑤その他就業規則の変更に係る事情」を加味して、総合的に判断するわけだ。

A君

「その他就業規則の変更に係る事情」って、いったいどのような事情なんでしょうか？

先生 ひとつには、労契法11条が定める手続きだといわれている。つまり、労働基準監督署長への届出（労基法89条）と、過半数組合ないし過半数代表者の意見聴取（同法90条）がちゃんと行われていなければ、合理性判断ではマイナスの方向に働くということになる。

A君 プラスやマイナスに働くって、なんだか決め手がない感じでわかりづらいですね。どういうケースで合理性が肯定され、どういうケースで合理性が否定されているんですか？

先生 う～ん、そうだなぁ、まず、第四銀行事件（最高裁第2小法廷平成9年2月28日）という事件があって、この銀行では、定年が一応、55歳となっていたんだが、通例58歳まで再雇用されていた状況下で、定年を60歳までに延長するということになったんだ。そこで、55歳以降の給与と賞与を削減して、54歳時の63ないし67％引き下げる就業規則の改定が行われたんだ。最高裁は、①従来58歳まで勤務して得られていた賃金が60歳近くまで勤務しないと得られなくなることはかなり大きな不利益であるけど、②定年延長の早期実現の国家的要請、定年延長による人件費の増大、行員高齢化の状況、定年の延長とそれに伴う賃金水準の見直しの必要性は高度なものであり、③改正後の賃金水準は他の地方銀行や社会一般と比較してかなり高いものといえ、また、福利厚生制度の適用延長や拡大など、定年延長は不利益を緩和する措置ということができ、④行員90％で組織された組合との交渉・合意を勘案して、合理性を肯定したんだ。

A君

なるほど。その人たちには、かなり大きな不利益があるけど、就業規則の変更の必要性が高度だとして、変更後の賃金も一般的にみて高いこと、緩和措置もあるってことや多数を組織する組合も合意したってことをプラスにみて、変更の合理性を肯定したわけですね。

先生

そういうことだね。それに対して、みちのく銀行事件（最高裁第1小法廷平成12年9月7日）という事件があるんだが、この銀行では、経営が低迷していたため、満55歳以上の管理職を専任職に移行させ、業績給の削減、専任職手当の廃止等を内容とする就業規則の改定を行い、これらに該当する労働者の賃金額を33％から46％引き下げたんだ。最高裁は、①賃金面での不利益は極めて重大であり、かつ、この変更は高齢層にのみ大幅な不利益を課すものであり、②変更に必要性は認められるものの、③不利益を緩和する十分な経過措置等も取られていないことから、高齢の特定層にのみ不利益を受忍させるのは相当でないとして、④73％を組織する労働組合との合意があったんだが、これを大きな考慮要素とはできないとして、合理性を否定したんだ。

A君

ああ、なるほど。最初のケースでは、まさにアメとムチっていう感じですけど、後のケースでは、必要性があっても、高齢者の不利益が大き過ぎて、高齢者にはムチしかありませんもんね。合理性が否定されて当然ですね。

就業規則の不利益変更として審査対象になるのか？

A君

先生、最近じゃあ、歳を取れば、どんどん給料が上がるっていうシステムをやめて、能力で評価しようという会社がだんだん増えてきているって、よく聞きますが、そういう変更って、不利益かどうかわからないじゃないですか？ もしかして、自分に、思った以上に能力あって、給料上がるかもしれないし。そういう制度に変えるための就業規則の変更って、就業規則の不利益変更として、判断してもらえるものなんですか？

先生

まさにそれが争われた事件があるんだ。ノイズ研究所事件（東京高裁平成18年6月22日）という事件で、年功的賃金制度から、成果主義的な賃金制度への就業規則の変更が争われたものなんだ。裁判所は、その制度の適用によって賃金減額などの労働条件について**不利益を受ける可能性のある労働者がいる限り、就業規則の不利益変更として審査することができる**としている。

A君

なるほど。結果不利益になるかどうかわからなくても、不利益になる可能性があれば、就業規則の不利益変更の合理性審査の対象になるということですね。

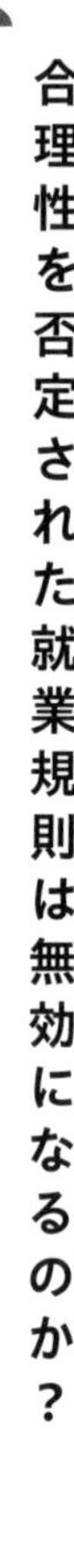

合理性を否定された就業規則は無効になるのか？

A君

ところで、裁判所で、変更された就業規則の合理性が否定された場合、その就業規則は無効になるんですか？

先生

いや、無効になるわけではない。就業規則の拘束力を争った人たちとの関係では、変更された就業規則が適用とならないから、その前に存在していた就業規則の労働条件がそのままその人たちの労働条件として残ることになるが、変更した就業規則の事業場での有効性には影響を及ぼさない。

A君

ということは、争ってない人たちには、変更された就業規則が適用されるわけですね。

先生

その就業規則が周知されている限り、変更された就業規則が、事業場の就業規則であることに変わりはないということだ。

legal knowledge

労働協約を使って労働条件を引き下げることはできるの？

労働協約による組合員の労働条件の不利益変更

先生　では、次に、労働協約について、新たに締結された労働協約が旧労働協約の労働条件を引き下げた場合の問題について取り上げよう。

A君　え？　労働組合って、組合員の労働条件とかを向上させるための組織ですよね。その労働組合が、一度決まった組合員の労働条件を引き下げるなんてこと、許されるんですか？

先生　労働協約は、就業規則と違って、使用者が一方的に作成するものじゃなくて、労働組合と使用者の合意によって締結されるものだよね。

A君　はい。最初のところでやりました。

先生　使用者と労働組合との間で行われる団体交渉は、一方で譲る代わりに他方で有利な条件を引き出すなどのギブ・アンド・テイクの取引であると一般的にいわれている。つまり、労働協約による不利益変更が認められないとなると、労働組合は、有利な条件を引き出すため他方で不利益を受け入れるという交渉ができないことになってしまう。だから、**労働協約による労働条件の不利益変更は原則として可能**であると考えられている。最高裁（朝日火災海上保険（石堂・本訴）事件・最高裁第1小法廷平成9年3月27日）も、特定の又は一部の組合員を殊更不利益に取り扱うことを目的として締結されたなど労働協約が労働組合の目的を逸脱して締結されたものでない限り、個々の組合員への適用は否定されないとしている。

A君　なるほど。労働協約が適用されるのは、組合員だけですもんね。嫌ならその労働組合を脱退すればいいわけですよね。

労働協約による未組織労働者の労働条件の不利益変更

先生　でも、未組織労働者（組合員ではない者）にも労働協約が適用になる場合があるんだ。

A君　え？　そうなんですか？　組合員でもないのに、自分のまったく知らないところで勝手になされた決定によって、労働条件が引き下げられちゃうんですか？

先生　労組法17条は、「一の工場事業場に常時使用される同種の労働者の4分の3以上の数の

先生
労働者が一の労働協約の適用を受けるに至ったときは、当該工場事業場に使用される他の同種の労働者に関しても、当該労働協約が適用される」と規定しているんだ。労働協約の**拡張適用**とか**一般的拘束力**などと呼ばれるものだ。

A君
「同種の労働者」ってどういう人をいうんですか？

先生
その**労働協約が適用を想定しているならば、「同種の労働者」**となり得る。だから、例えば、管理監督者に協約上組合員資格が与えられていなくても、労働協約が、管理監督者への適用を想定していれば、「同種の労働者」になり得るということだ。

A君
「同種」っていうのは、同じ仕事をしているというような意味ではないんですね。労働協約の適用対象ってことで考えるわけですね。ところで、未組織労働者への労働協約の適用について、裁判所は、どのように判断しているんですか？

先生
不利益な労働条件を課す協約の未組織労働者への適用に関して、最高裁は、朝日火災海上保険（高田）事件（最高裁第3小法廷平成8年3月26日）で、未組織労働者にも適用ありとしつつも、未組織労働者に適用することが著しく不合理であると認められる場合には、適用されないとしている。つまり、**著しく不合理じゃない限り、未組織労働者にも自動的に、不利益変更が適用になる**わけだ。未組織労働者にとっては不当に思えるかもしれないけど、まあ、それが嫌なら、労働組合を結成するとか他の労働組合に加入すればいいわけだからね。

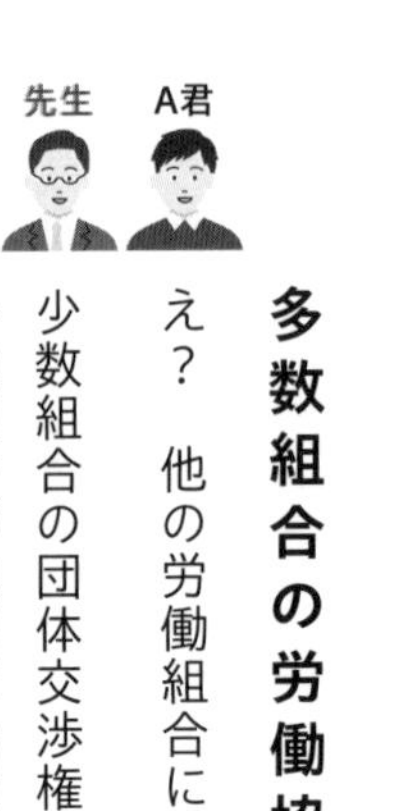

多数組合の労働協約による少数組合の労働条件の不利益変更

え？　他の労働組合に加入とかすれば、多数組合の労働協約は適用されないんですか？

少数組合の団体交渉権は、多数組合と同じように保障されているわけだから、そこは、少数組合が独自に労働協約を結べばいいわけだからねえ、**少数組合の組合員には、多数組合との労働協約の適用はない**と考えられているんだ。

第7章

人事権ってどう使われるの？

人事異動―配転・出向・転籍

先生

ここでは、人事異動について、取り上げたいと思う。人事異動のパターンとしては3つある。まず、**配置転換**、一般的に**配転**と呼ばれているので、ここからはそう呼ぶことにしよう。これは、労働者が勤務する企業において行われる異動のことだ。

A君

ああ、よく転勤とかいわれるやつですか？

先生

もちろん、転勤も含まれる。転勤っていうのは、勤務場所が変わるものだが、同一の勤務場所での異動ということもある。それは、配置換えといわれるものだ。次が、出向だ。**出向**とは、労働者が、勤務していた企業に籍を置いたまま他の企業に行ってそこの労働者として長期間働くことだ。出向の場合、原則として、出向した企業から元の企業に戻ることが予定されている。

A君

えっ、でも、知り合いのおじさんが、出向ってことになっちゃって、もう元の会社に戻れないって、嘆いてましたけど。

先生
ああ、それは、リストラの一環で行われるやつで、そういうのをよく片道切符なんていうがね。中高年労働者を、系列の下請の中小企業なんかに出向させて、出向先で定年を迎えることになり、結果として元の企業に復帰できなかったということになるやつだ。

A君
ああ、だから、あのおじさんは、嘆いていたんですね。

先生
最後に、もう一つ、**転籍**というのがある。転籍というのは、労働者の勤務する企業が指定した別の企業に勤務することだが、今までの企業とは縁が切れる。いったん退職して、新たな企業と労働契約を締結することになる。元の企業に戻ってくることはない。

A君
就活して入った会社が別会社を指定して、新たに別会社の従業員になって働くってことですか？　それってちょっと複雑な気分ですね。それにしても、みんな家庭のいろいろな事情があるじゃないですか？　会社に勝手に動かされるとなると、生活がめちゃくちゃになって、困ったりしないんですかね？

先生
まあこのように、「配転」「出向」「転籍」、それぞれ、かなり性質の異なったものであることがわかるよね。だから、それぞれ、その性質に応じて、一応一定の歯止めはかかっているんだ。ここからは、それぞれについて、みていくことにしよう。

配転させることはできるの？

なぜ配転させることができるのか？──配転命令権

先生 それでは、まず、配転から。この国では、長期雇用を前提とした正社員、中でも総合職については、職種・職務内容や勤務地を限定せずに採用され、広範囲な配転が行われるのが通例だよね。長期雇用慣行の下では、正社員の総合的な能力を高めるため、ジョブローテーションを通じてさまざまな部署を経験させるなんてことがよく行われているし、また、こういうのとは別に、解雇回避の手段として、配転が用いられることもよくある。

A君 なるほど。ところで、配転について労働者の同意は必要ないんですか？

先生 入社時に、同意を取り付けておくということはよく行われるが、就業規則の規定が重要なんだ。前に、就業規則のところで、就業規則の内容が合理的で労働者に周知させていた場合、就業規則の定めが労働契約の内容になる（↓P34）と言ったのを覚えているかい（労契法7条）？

A君

就業規則の定める内容が、労働者及び使用者の権利義務になるから、使用者が就業規則に書くことで、労働者にいろいろな義務を課すことができるっていうことでしたよね。

先生

そう。大抵の就業規則には、「業務上の必要がある場合には配転を命ずる」っていう規定があるから、これが合理的かどうかが問題となるんだが、今言ったようなこの国の慣行を考慮すると、合理性は肯定されるよね。つまり、**就業規則に**そのような**規定を置くことで、**使用者は、**配転命令権**をもつことになり、使用者は、この配転命令権を使って、労働者に配転を命ずることができるってことになる。だから、配転のたびに、労働者の個別的な同意を取り付ける必要はないというわけだ。このことは、最高裁が明言している（東亜ペイント事件最高裁第2小法廷・昭和61年7月14日）。

職種の限定・勤務地の限定

A君

でも、みんながみんな配転されるわけではないような気がします。例えば、大学教授が突然事務職を担当することになったり、東京の居酒屋のバイトが、同じ系列の居酒屋の北海道店に転勤になったりしませんよね。

先生

労働契約上職種を限定したり、勤務地を限定していれば、いくら就業規則にさっきのような規定があっても、使用者は、配転命令を出すことはできない。そういった**個別同意の方が優先される**ことになる（労契法7条但書）。そういう場合に労働者を配転させるには、労働者の個別的な同意が必要になってくる。もっとも、職種の限定や勤務地の限定について契約書とかで、はっきり書かれている場合は揉めることはないが、実際には、はっきりしていなくて、争いになることが多い。職種の限定や勤務地の限定については、一般的には、**採用の際の合意**がどうだったかによって判断される。

A君　例えば、どんな場合に、職種や勤務地が限定されたってことになるんですか？

先生　職種を限定する合意が認められる例としては、医師、看護師、検査技師、大学教員など、専門的技能・知識を必要とする職業が挙げられるね。

A君　そういう専門的な仕事だとわかりやすいですね。

先生　アナウンサーに関しては、かつて職種限定が認められた事例もあったけど、その後の裁判例においては、職種限定に関する合意は容易に認められない傾向にある（九州朝日放送事件・最高裁第1小法廷平成10年9月10日。高裁判決を維持）。やはり、長期雇用を前提として雇用しているような場合、他職種に配転され得るという合意があったとされやすいよね。

A君
よく、長年にわたり一つの仕事をやるうちに、すっかりプロフェッショナルって感じになって、長い年月をかけて培った微妙な感覚がないとできないとかで、すごい技術をもった人がいますよね。

先生
そういう場合も、長年一つの職種についていたということだけじゃあ、職種が特定されているってことにはならないとされている（日産自動車事件・最高裁第1小法廷平成1年12月7日）。さっき言ったように、**労働契約締結時にどういう取り決めをしたか**が重要なんだ。次に、勤務地に関しては、勤務地が限定されていると認められた例としては、現地採用で慣行上転勤のなかった工員を新設の工場に配転させようとした場合や、採用される際に家庭の事情等から転勤できない旨を明確に述べていた場合なんかがある。

配転命令権の濫用

A君
そういう限定がなければ、労働者はどんな配転命令にも応じなきゃいけないんですか？

先生
今までの話は、使用者に配転命令権があるかないかの話だったけど、配転命令権があったとしても、それが**権利濫用**だと判断されれば、無効とされる（労契法3条5項）。

A君
どういう場合、権利濫用ってことになるんですか？

先生

配転命令の権利濫用をどう判断するかについて、最高裁は、次のように言っている（前掲・東亜ペイント事件）。まず、「**業務上の必要性が存しない**」場合は権利濫用になる。これには「余人をもっては容易に替え難い」といった高度の必要性までは要らない。労働力の適正配置、業務運営の円滑化など企業の合理的運営に寄与する点が認められる限りは、業務上の必要性は認められるんだ。

A君

つまり、候補になりそうな人が何人かいて、「なんで俺なんだよ。他にいるじゃん」って思っても、命じられちゃったら、文句を言わず従わなきゃならないってことですね。

先生

ハハ。まあ、そういうことだね。ただ、業務上の必要性があっても「**不当な動機・目的をもってなされた**」場合には、権利濫用になる。具体的には、会社を批判する人物が目障り（めざわ）りだとか、組合を壊滅させるためには中心的人物が邪魔だとか、退職に追い込むために、そういう人たちをどっか遠くの方に飛ばすなんて場合だ。また、「労働者に対し**通常甘受すべき程度を著しく超える不利益を負わせる**」場合にも権利濫用になる。

A君

どの程度の不利益だとそれに当たるんですか？

先生

単身赴任は仕方ないとされてきているし（前掲・東亜ペイント事件）、また、幼い子を養育する人たちに対しても、住宅、別居手当、旅費補助など、それなりの配慮がなされていれば、配転命令が有効とされているし（帝国臓器製薬事件・最高裁第2小法廷平成11年9月17日）、さらに、通勤時間の長時間化による育児の支障も、通常甘受すべき程度の不利益だとして、配転命令が有効とされている（ケンウッド事件・最高裁第3小法廷平成12年1月28日）。

A君

え？　なんかそれって、ひどくないですか？　そんなんじゃ少子化がますます進みますよ。

先生

でも、現在、育児介護休業法26条は、子の養育または家族の介護状況に関する使用者に対する配慮義務を定めているし、労契法3条3項が、使用者に労働者の仕事と生活への配慮を求めている。こういう動きが、不利益の判断に影響を与えつつあるといえる。現に、転勤命令に際して、育児介護休業法26条の求める配慮が十分になされていなかったことから、通常甘受すべき程度を著しく超える不利益を負わせるもので、権利濫用であるとして、無効とされた事例もある（ネスレ日本（配転本訴）事件・大阪高裁平成18年4月14日）。

A君

なるほど。近頃では、だいぶそういう家庭の事情などが考慮されるようになってきているんですね。

先生

今後の展開

最近では、いわゆる従来の正社員とは別に、職種限定とか勤務地限定の正社員区分も設けられ、多様な働き方が認められてきているよね。また、昔と違って、夫婦共働きが普通となってきているしね。労働者も、家庭をもち子供をもったりすれば、入社した時とは考え方も変わってくるよね。今では、その時その時の労働者の置かれた立場で、正社員区分を行き来できたりする、そういう働き方も容認されつつある。さっき触れた配転による労働者の不利益の判断も、今後は、ワークライフバランスがより重視される方向に修正されていくと思うけどね。まあ、そう期待したいところだね。

legal knowledge

出向させることはできるの？

どういう場合に出向を命じることができる？

先生

次は、出向についてだ。前にも言ったように、出向とは、勤務している企業に籍を置いたまま、他の企業に行ってそこの労働者として長期間働くことをいう。この場合、元々の企業は、**出向元**、労働者が行く先の企業は、**出向先**っていわれているから、ここからはそう呼ぶことにしよう。ところで、出向は、労務の提供の相手側が変わるという、労働契約の重大な変更だから、使用者は、労働者の同意あるいは承諾なしに、労働者に出向を命ずることはできないとされている（労契法8条・民法625条1項参照）。

A君

じゃあ、出向の場合は、出向命令時に、労働者の個別的な同意が要るってことになるんですか？

先生

いや、労働者の同意を要するといっても、それが出向命令時における労働者の個別的な同意に限定されるわけじゃないんだ。

A君 え？　じゃあ、結局のとこ、配転のときとあまり変わらないような？

先生 いや、最高裁は、出向命令権については、配転命令権に比べ慎重な態度をとっている。労働者にとって、最初に入った会社である出向元については、どういう労働条件か理解してから入社しているからいいけど、今度行く会社である出向先についてはどういう労働条件かがよくわからないし、もしかしてとんでもない不利益があるかもしれないよね。

A君 まあ、そりゃ、不安になりますよね。給料が下がるんじゃないかとか。

先生 そのほかにも、どんな地位で行くのかとか、自分のキャリアはどうなるんだとか、行った期間が退職金の算定基礎年数に含まれるのか、一体いつまで行かなきゃならないのかなどが、不安だよね。そういう点での配慮ってもんが必要になる。最高裁は、新日本製鐵（日鐵運輸）事件（最高裁第２小法廷平成15年４月18日）において、配転命令権のときのように、**就業規則**や**労働協約**に**出向命令権を根拠づける規定**があるだけじゃあ足りないとしているんだ。そして、労働協約である社外勤務協定などにおいて、社外勤務の定義、出向期間、出向中の社員の地位、賃金、退職金、各種の出向手当、昇格・昇給等の査定、その他処遇等に関して**出向労働者の利益に配慮した詳細な規定**が整備されていて、初めて、会社が、労働者の個別的な同意なしに、出向を命ずることができるとしている。

A君
配転命令権のときは、就業規則の規定だけでよかったわけですが、それにプラスして、労働者の不利益にならないような詳細な配慮規定が必要ってことですね。

先生
そういうことだね。

出向命令権の濫用

A君
配転のところでは、配転命令権があっても、権利濫用とされると無効になるってことでしたが、出向命令権についても、権利濫用ってことはあるんですか？

先生
もちろん。出向に関しても、配転命令権のときと同じように、権利濫用法理による制約がある。これには、法律上の規定が設けられている。労契法14条が、「使用者が労働者に出向を命ずることができる場合において、当該出向の命令が、その必要性、対象労働者の選定に係る事情その他の事情に照らして、その権利を濫用したものと認められる場合には、当該命令は、無効とする」と規定しているんだ。

A君
出向命令権の濫用は、具体的に、どういうふうに判断されるんですか？

先生
前にあげた新日本製鐵（日鐵運輸）事件を参考に考えると、①出向措置を講ずる必要性があったか、②出向措置の対象となる労働者の人選に不当性を疑わせるような事情がないか、③労働者が、生活関係、労働関係等において、著しい不利益を被るものではないか、④出向命令発令に至る手続に不当性がないかについて検討することになる。なかでも、①**業務上の必要性**と③**労働者の被る不利益**の**比較衡量**が重要だと考えられている。

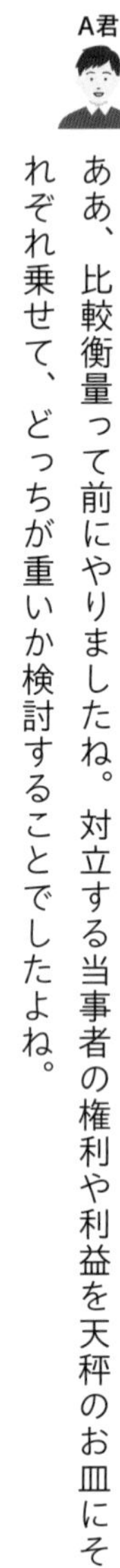

A君

ああ、比較衡量って前にやりましたね。対立する当事者の権利や利益を天秤のお皿にそれぞれ乗せて、どっちが重いか検討することでしたよね。

先生

そうそう。業務上の必要性が高い場合、例えば、会社が傾いていてどうしても労働者を出向させざるを得ないような場合には、労働者の労働条件が大幅に下がるような出向であっても権利濫用とはされにくくなるであろうし、業務上の必要性が大して高くないような場合には、労働者の受ける不利益がそれほど大きくなくても、権利濫用って判断される可能性があるってことじゃないかと思われる。

出向の場合の労働関係

A君

ところで、先生、労働者は、出向先で働くことになるんですよね。例えば、解雇権とかをもつのはどっちなんですか？

先生

労働契約の権利義務関係の配分は基本的には、出向元と出向先の出向契約によって決まる。一般的には、出向先が労働時間管理、賃金支払、懲戒権限、労働災害に関して責任を負い、解雇権のような出向労働者の地位に関するものについては出向元が責任を負うとされる。君が心配している賃金だが、多くの場合、出向元の賃金は保障されている。通常は、出向先が労働者の賃金を支払うことになると思うけど、例えば、出向先の賃金が出向元より低い場合、出向先が支払うべき賃金を出向元に一旦納め、出向元がこれに加算して労働者に支払う方法が取られたり、出向元が差額を負担する形で、出向先が賃金を支払う方法が取られたりしている。

A君

何となくイメージですが、出向元より出向先の方が給料が低いことが多いんじゃないかと思って、心配していましたけど、出向元より出向先の方が給料が低いような場合には、出向元が補填するなど配慮されてるんですね。ちょっと安心しました。

先生

まあ、出向元より出向先の方が、小さい企業であるとは限らんがね。例えば、企業が、正社員の人材育成を目的に、他社へ出向させていろいろな経験をさせることもあるし、あるいは、海外駐在なんて栄転とされたりするが、そういう場合、海外にあるオフィスは、実質的には、その企業の支社のようなものなんだが、法人としては、他国における別法人とされるから、この場合も、労働者は出向という形で赴くことになる。

A君

なるほど。いろいろなケースがあるんですね。ところで、前に、知り合いのおじさんが、出向を嘆いていたって言いましたけど、なんにもお構いなしに一方的に命じられたわけではないことがよくわかって、ちょっとホッとしました。

先生

まあ、片道切符の出向でも、出向元に継続勤務したことになるから、通常は退職金の算定基礎年数に出向期間も加算されることになるし、それなりの労働条件も保障されるわけだからね。勤務先の企業名が変わったりするのは嫌かもしれないけど、クビよりはマシだよね。そのおじさんもまあしょうがないと観念するしかないんじゃないのかね。

legal knowledge

転籍させることはできるの？

転籍における労働者の「同意」

先生

では次に転籍について取り上げよう。転籍というのは、前にも言った通り、労働者の勤務する企業が指定した別の企業に勤務するものをいう。この場合、元の企業が、転籍元、労働者が行く先の企業が、転籍先と呼ばれるんだが、就業規則に規定があるだけじゃダメで、労働者の**個別的同意が必要**になる。それって当然だよね。だって、企業の命令で、もともと就活して入った企業とは縁が切れて、別の企業の従業員になるんだから、労働者の個別的な同意がなければできないよね。

A君

そうですよね。なんか出向と同じような気がしていましたけど、出向の場合は、出向元に在籍したまま、出向先に行くわけで、出向元と縁は切れませんもんね。転籍は、転籍元の企業と全く縁が切れちゃうわけですからね。

先生

両者の違いがよく分かったようだね。

legal knowledge

休職させることはできるの？復職は？

休職とは

先生　では、次は休職について取り上げよう。休職とは、労働者が何らかの事情で長期にわたり勤務できない場合に、**従業員としての地位はそのままに**して、**勤務することを免除**するという制度のことだ。民間部門については法律上の規定が存在しないので、多くの企業では、就業規則などにおいて定められている。

A君　休職って、具体的にはどういうものがあるんですか？

先生　おもなものとして、業務外の傷病、いわゆる、私傷病による欠勤を理由とする「**傷病休職**」、長期の自己都合による欠勤である「**事故欠勤休職**」、刑事事件で起訴された者を一定期間または判決確定時まで休職させる「**起訴休職**」などがある。

A君　休職中も給料はもらえるんですか？

先生　いや、休職中、使用者は賃金支払義務を負わない。ただ、傷病休職の場合、健康保険から、一日につき標準報酬日額の3分の2の傷病手当金の支給がある（健保法99条）。

A君　休職者はずっと休職してられるわけではないですよね？

先生　うん。休職期間終了時に、労働者が復帰できない場合には、就業規則の規定に従い、退職扱いや解雇されることになる。

傷病休職の終了と「治癒」

先生　今挙げた休職の中で、よく問題になるのが、**傷病休職**だ。

A君　休職期間満了時に、病気が治っていないと労働者は辞めざるを得ないってことですよね。

先生　そういうことになるわけだけど、傷病休職の場合、労働者がどの程度の健康状態に回復すれば、傷病が「**治癒**」したとされて**復職が可能となったといえるか**が問題となるんだ。

最高裁は、職務が特定されていない場合、必ずしも元の仕事ができなくても、その労働者にもできそうな仕事があって、現実的にそこに配置が可能であって、かつ、本人がそれを申し出ているならば、労働者は、労働契約上の義務を果たしていることになるから、使用者はその期間中の賃金を支払わなければいけないと判断している（片山組事件・最高裁第1小法廷平成10年4月9日)。その後の下級審においても、休職期間満了者に対して、現実に配置可能な業務がないか検討することなく、軽減業務を提供せずに、退職扱いや解雇を行ったような場合には、そのような退職扱いや解雇が無効であると判断されている。

A君　労働者には使用者に対して「仕事をさせてくれ」って請求する権利はあるんですか？

先生　それを、就労請求権というが、通説や裁判例によれば、労働者の労働義務はあくまでも義務であって、権利ではなく、労働者に就労請求権はないとされている。

A君　つまり、労働者をどこで働かせるか決める権限は、使用者にだけあるんですよね？ そう考えると、ちょっと変じゃないですか？

先生　日本では、職務が特定されていない場合、使用者は、労働者をいろいろな仕事に従事させる権限をもっている。でも、労働者がたまたま就いた仕事がハードなもので、それができないから、労働契約が終了っていうのは、不公平じゃないかって感じやしないか？

A君　ああ、そういう観点から考えれば、確かにそうですね。ということは、休職期間満了時に、労働者の病気が、しっかり治ってなくても、使用者としては、その人が従事できる職務を探し出し、何とかみつけだすことができて、本人も申し出ているのなら、労働者

をその職務に就けるようにしないとダメってことですね。

先生　そういうことになるね。

A君　じゃあ、労働者の職務が特定されている場合には、その仕事ができないと、労働契約は即終了ってことになるんですか？

先生　いや、職務が特定されている場合であっても、復職時に労働者の能力が１００％回復していなくても、比較的短期間で復帰することが可能であるような場合には、短期間の復帰準備期間を提供したり、復帰訓練の措置を取ったりするべきだとして、そういう措置を取ることなくなされた解雇が無効であるとされている（全日本空輸（退職強要）事件・大阪高裁平成13年3月14日）。

A君　使用者には、そういった配慮が求められるということですね（労契法3条3項）。

起訴休職

先生　それじゃあここで起訴休職についても、ちょっと触れておくことにしよう。起訴休職については、就業規則上、「従業員が刑事事件に関して起訴された場合に休職とする」と規定されることが多い。でも、起訴には在宅起訴なんかもあって、直ちに就労が不可能となるわけではない。また、起訴されたというだけで、まだ、有罪が確定しているわけじゃないからねえ。まあ、確かに、この国の有罪率はやたらに高いから、起訴されたっていうことは重たい事実だけど、起訴の事実だけをもって、労働者に不利益を与えることはできないよね。

A君　でも、そういう人が、会社に来ちゃうと、いろいろ問題起きませんか？

先生　そこなんだよね。だから、起訴によって企業の対外的信用が失墜し、職場秩序に支障が生ずるおそれがあるとか、労働者の勾留や公判期日出頭のために労働遂行や企業活動に支障が生ずるおそれがあるとか、そういった事情があって、初めて起訴休職とすることができるんだ。

A君　なるほど。「起訴された」じゃあ即「起訴休職だ」ってわけじゃないんですね。労働者が起訴されたことで企業になんか支障があるから、その支障があるために、休職させざるを得ないということになるわけですね。

legal knowledge

在宅勤務をめぐる問題とは？

先生

コロナ禍において、在宅勤務という働き方が注目を浴びたよね。その労働時間についてどう考えるかには既に触れたけど、使用者は何を根拠に在宅勤務命令を発することができるのか、やはり検討しなくてはいけない問題だよね。この問題は、まだ新しくて、どのように判断すべきか、何も示されていないけど、ちょっとここで考えてみることにしよう。

A君

在宅勤務という働き方は、コロナ後も一定の範囲で定着しているといえますもんね。

先生

そうだね。まあ、あの時は緊急事態だったから、あまり議論されなかったけれど、おそらく、従来の就業規則には、在宅勤務命令についての規定は存在していなかったんじゃないかと思うんだよね。これについては、既存の就業規則の規定における配転命令権を根拠に、在宅勤務命令が出せるという見解がある。

A君

え？　会社内で異動する配転は、会社内で働くことが前提となるものですよね。それとは、だいぶ性質が違うもののような気がしますが。

先生

そうだよね。ちょっと難しいように思うけどね。やはり、**在宅勤務命令**を発するのであれば、**就業規則に**その旨の**規定を設ける必要**があるよね。そうなると、前に取り上げた就業規則の内容の変更（↓P136）ということになるわけだ。その場合、労働者の同意を取り付けて就業規則の変更を行うことは、もちろん可能だし、仮に、労働者の同意が得られなかったとしても、適切な手続きを踏んで就業規則の変更を行えば、特に、合理性の観点で、内容的に問題は生じないだろうから、変更は可能だと思われるよね（労契法8条・9条・10条・11条）。いずれにしても、労働者に義務付けるのであれば、就業規則にその旨定め、**周知**することが不可欠な前提であることは間違いなさそうだよね。

A君

配転のときは、職務や勤務場所が特定されていない限り、就業規則の規定だけで命令することができて、出向のときは、それにプラスして労働者の利益に配慮した詳細規定が要るとされていて、転籍の場合には、個別的同意が必要だって習いましたけど、在宅勤務命令については、そのあたりはどうなるんでしょうね？

先生

そこだよね。労働者の私的領域での就労を命ずるわけだから、配転命令のようにはいかないと思うけどね。家庭の事情とかプライベートな理由がいろいろあるじゃない。「それは、権利濫用のところで考えればいい」っていう意見もあるけど、それだと、労働者は、家庭の事情を使用者に明かさなければならなくなるよね。「配転のときだってそうなんだから、同じじゃないか！」と言われるかもしれないけど、配転の場合は転居できないなどといった家庭の事情なわけで、在宅勤務命令の場合は、家庭の内部で生ずる極めてプライベートな支障についての事情なので、同じようには考えられないよね。そこはやはり、個別的同意なしに命ずることはできないって考えるべきじゃないかな。その際、プライバシーの観点から、同意できない理由について、労働者は告知する義務を負わないと考えるべきではないかとも思う。

A君

それはわかりますけど、じゃあ、同意しない労働者に対して、会社としてはどう取り扱うことになるのでしょうか？

先生

そこが難しいところだよね。そういう場合、使用者としては、会社で働けるように検討するとか、他の場所を提供するなど、それなりの配慮が必要になってくるんじゃないかと思うけどね（労契法3条3項）。でも、それが、コロナ禍のときのような緊急事態で、使用者としてもそういう配慮がとても実現できないというような場合には、労働者の不就労とされ、欠勤扱いとされても仕方がないのかもしれないね。そのあたりは、今後検討が必要なところだと思う。

A君

逆に、労働者が、「在宅勤務にさせてもらいます」って言った場合は、どうでしょうね？

先生

前にも言ったように、労働者に就労請求権はないわけだから、「家で働きます」と自ら言うことはできないよね。あくまでも、使用者が在宅勤務命令を出すことが前提となるよね。じゃあ、労働者が在宅勤務命令を出すよう、使用者に要求した場合どうなるかってことだよね。労働者側にどうしても在宅でないと勤務できないような事情があれば、使用者側も配慮しなければならないということになるかもしれないね（労契法3条3項）。しかし、いずれにしても、在宅勤務が、労働者が労働契約上負っている労働義務をちゃんと果たしていると、使用者に評価してもらえるものであることが前提になるよね。

A君

在宅でも、会社で働いているのと同等の仕事をしていると、使用者に思ってもらえないとダメだってことですね。

先生

そうじゃないと、労働者が、労働契約上の義務を果たしたことにならないからね。労働者の労働契約上の義務が果たされない限り、使用者の賃金支払義務も生じないわけだから、労働者が、いくら働いたと言っても、使用者が働いたと評価しなかったら、賃金はもらえないということになるよね。

A君

なるほど。まだ、在宅勤務をめぐっては、具体的紛争は起きていないようですけど、考えなければいけない問題だということは間違いなさそうですね。

第8章

職場の規律・秩序を守るためには

懲戒処分を行うには？

先生

ここでは、懲戒処分について取り上げることにしよう。懲戒処分とは、企業秩序を維持するために、違反者に制裁を科す制度のことだ。最高裁（フジ興産事件・最高裁第２小法廷平成15年10月10日）は、使用者が懲戒処分を行うためには、あらかじめ**懲戒の**「種別」…これは**種類**のことだが…それと「**事由**」を**就業規則に定め**、それを**周知しておく必要がある**としている。これは、罪刑法定主義的な要請に基づくものだといわれている。

A君

ザイケイホウテイシュギってなんですか？

先生

どんな行為が罪とされ、それに対してどんな罰が与えられるのかについて、あらかじめ法律に定めておかなければいけないという近代憲法の原則のことだ。つまり、あらかじめ就業規則で、この会社では、どんな種類の懲戒処分が行われるのか、どういう事由で懲戒処分になるのかの詳細を規定しておき、それを従業員に知らしめたうえで、敢えて違反行為をした従業員に対して、就業規則の規定に則って制裁を加えるということだ。

だから、懲戒処分は、就業規則に列挙されている事由に限られ、それ以外の事由で科すことはできないということになる。

A君

先生、使用者が、企業秩序のため、労働者を制裁せざるを得ないのはわかります。でも、一応、労働者と使用者は、対等な立場で契約を結んだってことになっていますよね。何で契約の一方当事者がもう一方の当事者に、一方的に制裁を与えることができるのか、両者が対等っていうのは、建前かもしれませんが、そうであったとしても、なんか説明がないと変なんじゃないかなって感じがするんですけど。

先生

その点については、古くから議論がなされてきているんだ。大まかに言って、考え方は二つに分かれている。企業秩序を定立するために使用者が当然もっている権利だとする説と、労働契約の根拠に基づくとする説だ。判例の立場は、前者の説のように思われるが、さっき言ったように、「就業規則に書いておけ」とも言っているので、就業規則に書くということは、その内容が合理的で周知されているなら労働契約の内容になるというわけだから（労契法7条）（↓P34）労働契約を根拠とする後者の説に近いようにも思える。

ああ、またしても、就業規則が合理的で周知されていれば労働契約の内容になって、労働者に義務を課すことができるってやつですね。

先生

そう。まあ労働法を研究する多くの人は、後者を支持しているといっていい。この考え方だと、労働者は、労働契約を締結したことによって、企業内の秩序を遵守する義務を引き受けたことになる。そして、使用者がこの義務違反に対する懲戒措置の詳細を就業規則に書くことによって、労働者がどんな義務を負うのかが明らかにされるということになるわけだ。

A君

なるほど、そういう風に考えれば説明がつきますね。

legal knowledge

懲戒処分ってどんな種類があるの？

A君

懲戒をするなら、就業規則に懲戒処分の種類を規定しなければいけないというお話ですけど、懲戒処分って、そんなにいろいろ種類があるもんなんですか？

先生

そりゃあ、労働者の非違行為にも軽重があるからねえ。懲戒処分の種類も、軽いものから重いものまでないとね。

先生

戒告・けん責

まず一番軽い処分として、「**戒告**」「**けん責**」。どちらも労働者がやってしまった**行為を反省し、将来を戒めるもの**だ。「けん責」の方は、一般的に始末書提出を伴う。これ自体で何か不利益を課すというものではない。でも、昇給やボーナス、昇格などで不利に考慮されることがあったり、度重なるとより重い懲戒処分が課されると就業規則に定められていることもある。

先生

減給

次に「**減給**」。「減給」処分は、労働者の生活に直接影響が生じるものだから、これに関しては、労基法91条が、1回につき、平均賃金の1日分の半額しか減額できず、また、**減給の総額が一賃金支払時期の賃金の10分の1を超えてはならない**としている。

A君

一賃金支払時期っていうのは、給料を月給でもらっている場合は、ひと月がそれに当たるわけですね。

先生

出勤停止

まあそういうことだ。続けて、「**出勤停止**」だ。出勤停止期間中は**賃金が支給されず、勤続年数にも通算されない**のが普通だから、労働者にとって相当過酷な処分といえる。長期に及ぶ場合、その間無給になるわけだから、打撃が大きいよね。だからこそ、出勤停止の期間の濫用判断は、慎重に行われなければいけない。不当に長いと評価されると、権利濫用となって、無効とされる。

A君

よく、自宅待機命令を受けたなんて聞きますが、これも、出勤停止と同じですか？

先生

服務規律に違反した労働者の処分を決めるまでの間、自宅待機命令が出されたりすることはよくあることだ。でも、これは業務命令として出されるもので、懲戒処分としての出勤停止とは違って、その間の賃金はちゃんと支払われる。これは懲戒処分ではなくてあくまで業務命令だから、使用者は、就業規則の根拠がなくても命ずることができる。

A君

同じように会社に来るなっていうことですけど、全然性質の違うものなんですね。

先生

降格

そういうことだね。そして、「**降格**」とは、企業秩序違反行為に制裁を与えることを目的として、**役職などを下げる処分**のことをいう。

先生

諭旨解雇

また、「**諭旨解雇**（ゆしかいこ）」とは、会社側が労働者に退職を勧告して、**労働者の願い出で退職がなされる形式をとるもの**だ。一定期日までに退職勧告に応じないと「懲戒解雇」するという処分だ。諭旨退職ということもある。「このままだと懲戒解雇になるよ。それが嫌だったら、自ら退職届出すしかないね」というやつだ。退職金が支払われることが多いが、一部または全部不支給ということもある。諭旨解雇は、懲戒処分の一種なので、懲戒解雇同様に、その法的効力を争うことができる。

懲戒解雇

先生　最後に「**懲戒解雇**」がある。

A君　懲戒解雇だと、再就職が絶望的って聞いたことがあります。

先生　そう。これは非常に重い処分で、再就職が極めて困難になる処分だ。通常は**解雇予告も予告手当の支払もされず、即時解雇される。**多くの場合、**退職金が減額**されたり**不支給**（没収）になったりする。ただ、前にもやったように、退職金は賃金の後払い的性格とともに功労報償的性格を併せもつものなので、労働者のそれまでの勤続の功を減らしてしまう、あるいはなくしてしまうほどの著しく悪質な行為があった場合でないと、退職金減額や退職金不支給とすることはできない（↓P76）。懲戒解雇が有効でも、退職金不支給は、今言った観点から別途判断されることになる。だから、懲戒解雇が有効でも、退職金の一部の支払が認められることはある。

懲戒事由―懲戒処分の対象となる行為とは？

先生　ここでは、懲戒事由として、どんなものがあるか、みていこう。

経歴詐称

先生　まず、経歴詐称について、経歴詐称とは、履歴書や採用面接において、職歴や学歴などの**経歴を偽ること**をいう。経歴詐称の事件でもっとも問題になるのが、学歴・職歴・犯罪歴だ。多くの企業が就業規則上、経歴詐称を懲戒事由としている。

A君　経歴をごまかしたら、即アウト、クビじゃないんですか？

先生　そうでもないんだ。裁判例をみると、すべての経歴詐称が懲戒処分の対象となるわけではない。真実を告知したならば採用しなかったであろう**重大な経歴詐称に当たる場合**にのみ懲戒処分が有効とされる。場合によっては、懲戒解雇ということもあるがね。まあ、使用者に労働力の適正配置を誤らせたり、信頼関係を損なうような重大な経歴詐称に限られるというわけだ（炭研精工事件・最高裁第1小法廷平成3年9月19日）。

A君 なるほど、重要な経歴に関するものだけが対象なんですね。

先生 だって、詐欺（民法96条）があったとして、契約を取り消すことはできるわけだからね。懲戒処分とするには、企業の秩序維持に係るような重大なものでなくちゃだめだよね。

職務懈怠

先生 次に、**職務懈怠**だ。懈怠というのは、怠ることや、怠ることをいうが、おもなものとして**勤務状況不良・成績不良、職場離脱、無断欠勤**、などが挙げられる。でも、こういう行為自体は、労働義務違反に過ぎない。

A君 確かに、ちゃんと働かないんだから、その分給料を払わなければそれで済むことですね。

先生 そう。だから、これを懲戒の対象にするには、その行為が業務態勢に支障を及ぼすなど、現実に**企業秩序を侵害する場合**でないとダメなんだ。

業務命令違反

先生
そして、**業務命令違反**だ。業務命令違反の典型は、就業についての**上司の命令・指示に違反**することだ。具体的な例としては、時間外労働命令、休日出勤命令、出張命令、配転命令、出向命令に従わないことが挙げられる。

A君
ああ、会社の命令や上司の命令を聞かないってことですね。典型的な懲戒事由のような気がしますが。

先生
そうだね。これについては、まず、使用者の業務命令が労働契約の範囲内のものといえるかが問題とされる（↓P27）。労働者は、労働契約の範囲内でしか、労働義務を負わないからね。そして、その業務命令が有効と判断されたとしても、懲戒処分にするためには、その業務命令違反によって企業秩序が現実に侵害されたといえることが必要になる。

職場規律違反

先生
次に、**職場規律違反**だ。職場規律違反とは、労務の遂行その他**職場のルール違反**を指す。具体的には、**会社物品の窃盗・損壊**、**暴行・脅迫**、**背任**、**横領**、**業務妨害**などの行為だ。

これらの行為は、職場規律遵守義務違反であると同時に、企業秩序違反であるため、懲戒処分が有効になりやすい。

A君　それって、ほとんど犯罪じゃないですか？

先生　うん。別途、刑事告訴することももちろんできるがね。懲戒処分を科すこともできる。ほかに、企業施設内での演説、集会、ビラ配布などがあるが、就業規則所定の懲戒処分の対象とされる行為に形式的に該当する場合であっても、特に職場秩序を乱すおそれのある行為といえない場合には、違反行為とされないこともある。例えば、無許可のビラ配りについて、ビラの内容や配り方が特に秩序を乱すようなものでないとして、懲戒事由に当たらないとされた事例もある（明治乳業事件・最高裁第3小法廷昭和58年11月1日）。

私生活上の非行

先生　続けて、**私生活上の非行**だ。

A君　え？　私生活は自由じゃないですか。私生活のことで懲戒処分になるんですか？

先生　労働者の私生活上の行為であっても、**企業の秩序を乱す行為**、例えば、**企業の名誉や信**

用を損なう行為は、懲戒処分の対象とされることがある。しかし、私生活の自由の尊重の観点から、懲戒事由該当性や懲戒処分の相当性はより厳格に判断される。世間に噂が広まったことによって企業秩序がより悪化したことなどは、懲戒処分の適法性を根拠づける重要な要素ともなる。

A君
ああ、確かに。どこそこ会社の社員が悪いことしたって、でっかく新聞に出たりすると、その会社、ヤバそうな感じがしますもんね。会社としては、すごい迷惑な話ですよね。

先生
そうなると、会社としても、かなり、体面を汚（けが）されるよね。そもそも懲戒処分とは、企業内の秩序を維持するために秩序を乱す行為に対してなされるものであることからすると、世間に噂が広まったことによって企業秩序がより悪化したことは、懲戒処分を科す理由にはなるよね。でも、噂や報道の有無などによって、労働者のやった非違行為の悪性そのものが変わるわけじゃないよね。

A君
確かに、同じことしたのに、運次第みたいなところがありますね。

先生
それについては、噂や報道によって制裁の有無や重さが変わるのは妥当でないともいわれたりしているけど、企業秩序への影響を考えると、やはり考慮されても仕方ないように思われるけどね。

A君　企業秩序を基準に考えたら、やっぱりそういうことになりますかね。

内部告発

先生　最後に、内部告発にも触れておこう。

A君　ああ、一時よく話題になっていましたよね。食品の賞味期限を偽ってたとか。

先生　そうだったよね。いろんな商品が発売停止になったりしてね。まあ、我々も内部告発のお陰で、偽装などを知り得たわけだからね。そういうことがあると、企業もコンプライアンスに敏感になるだろうから、社会的意義のある行為ではあるよね。

A君　確かに、そういうのって、内部の人しか知り得ないですもんね。従業員だって、悪事に加担していると知りながら働くのって、辛いですよね。生活のためとはいえ。

先生　でも、労働者は、労働契約上誠実義務や秘密保持義務を負っている（↓P28）ので、内部告発をすると義務違反とされて、企業秩序を侵害する行為として、懲戒処分の対象にはなるんだ。だけど、内部告発が一定の要件を満たす場合には、内部告発を理由とする懲戒処分が無効となるとされている。

A君：なるほど。すべての内部告発が許されるわけではなくて、一定の場合に限られるわけですね。どういう場合に、許されることになるんですか？

先生：①告発内容が真実であるか、または真実と信じるのに十分な理由があること（**告発内容の真実性**）、②目的に公益性があるなど正当なこと（**目的の正当性**）、③手段が妥当であること（**手段の妥当性**）が求められる。近年、この問題に関して**公益通報者保護法**が制定されている。これは、内部告発した労働者をいかに保護するかという観点から制定された法律だ。この法律は、刑罰法規の違反行為を対象とするものだが、最近の改正により強化が図られている。特に、企業内に内部通報制度を整備することが企業の義務にされた意義は大きい。企業のコンプライアンス強化に利する制度ということができるだろうね。

懲戒権濫用になる場合とは？

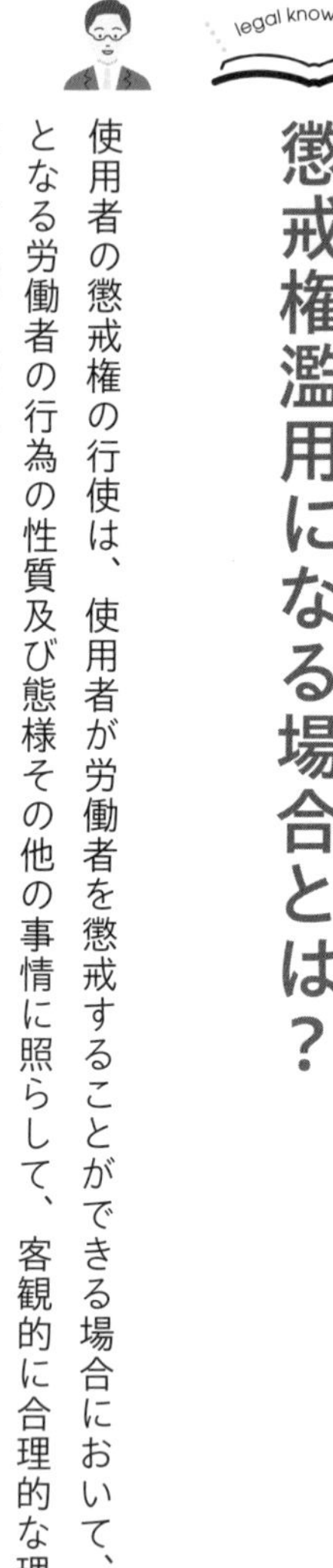

先生 使用者の懲戒権の行使は、使用者が労働者を懲戒することができる場合において、対象となる労働者の行為の性質及び態様その他の事情に照らして、客観的に合理的な理由を欠き、社会通念上相当であると認められない場合には、その権利を濫用したものとして、無効になる（労契法15条、同旨、ダイハツ工業事件・最高裁第2小法廷昭和58年9月16日）。

A君 ちょっと待ってください。これまでのところを整理すると、まず、就業規則に懲戒の種類と懲戒事由がちゃんと定められていることが大前提で、労働者のやった行為が懲戒事由に該当した場合に、使用者が、就業規則の懲戒の種類の中から、適当だと考えるものを選択して、懲戒処分ということになるわけですよね。

先生 そう。でも、それで、懲戒が即有効となるわけではないんだ。懲戒権の濫用によって、無効になることもある。

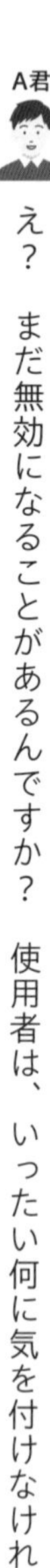

A君 え？　まだ無効になることがあるんですか？　使用者は、いったい何に気を付けなければ

ばならないんでしょうか？

量刑の相当性

先生

懲戒処分をするにあたり、いかなる処分を選択するかは使用者の判断に委ねられるわけだけど、**労働者のやった行為と懲戒処分が釣り合っていない**といけないんだ。使用者が判断を誤り、不当に重い処分を選択すれば、懲戒処分は懲戒権の濫用ということで無効になる。

A君

使用者がどの懲戒処分を選択するかが重要になってくるということですね。具体的にどういうことを検討することになるんですか？

先生

使用者は、労働者が、どんなやり方でどのような内容の非違行為を行ったのか、その悪質性は、どのようなものなのか、そして、動機は何だったのか、業務にどんな影響を及ぼしたのか、会社にどんな損害を与えたのかなどを考慮したうえで、労働者の態度、つまり、反省の態度を示しているかとか、これまで長年真面目に勤務してきたかなど、何か情状酌量できるような事情はないか検討し、これまで処分歴があったかなども勘案して、どのような懲戒処分を下すかを決めることになる。

A君
かなり具体的に検討しないといけないんですね。

先生
そうだね。労働者にとって不利に働く面、有利に働く面、双方から総合的に検討する必要がある。あと、懲戒事由に該当する非違行為があったときには、合理的な期間内に懲戒処分を行わないといけない。ずっと前のことを持ち出してきて、懲戒処分の対象とすることは、懲戒権の濫用と判断される（ネスレ日本（懲戒解雇）事件・最高裁第2小法廷・平成18年10月6日）。

平等取扱い

先生
次に、懲戒処分については、**先例を尊重**することが要請される。それを超えて厳しい処分がなされた場合、懲戒権の濫用とされる。つまり、過去に同じようなことをした労働者がいた場合、それと同じような処分がなされなければならないということだ。

A君
ああ、なるほど。会社としては、過去に同じようなことをした人がいたかを調査して、そのときどんな処分が科されたか確認してから、懲戒処分を科すようにしなくてはならないってことですね。

先生
そういうことだ。また、職場の中に同じような行為をする労働者がいるのに、一部の労働者だけを狙い撃ちにし、懲戒処分を科してはいけないということでもある。

適正手続

先生
最後に、よく、就業規則・労働協約に、「事前に警告や注意をしていなければいけない」とか、「本人に弁明の機会を与える」などと、定められている。そういった**手続規定に従った手続**を適正に行わなければならない。

A君
なるほど。確かに、いきなりっていうのは、よくないですよね。やはり、まず、警告すべきですよね。それに、使用者の思い違いなんてこともありますもんね。本人に弁明の機会を与えたりすることは重要ですね。

先生
使用者が、慌ててしまって、そういう手続を取り忘れたなんてこともあり得るからね。まれに、労働者の非違行為の悪質性があまりに高い場合、手続がちゃんと取られていなくても、懲戒権の濫用にならない場合もあるけど、まあ、一般的には懲戒権の濫用とされる可能性がかなり高いと思う。使用者は、この点にも気を付けなくてはいけないね。

A君
使用者は、労働者の行為が就業規則の懲戒事由に該当したからって、簡単に懲戒処分を科すことはできないってことがよくわかりました。使用者は、労働者の行為が会社に与えた影響や労働者の態度、他の労働者との均衡とか考慮したうえで、ちゃんと決められた手順を踏まないと、懲戒権の濫用になって、労働者が悪いことをしたにもかかわらず、懲戒処分を科すことができないという事態になっちゃうってわけですね。

先生

使用者には、ひとつずつ慎重にステップを踏んでいくことが要請されるということだ。

第9章

安全・健康に働くために

legal knowledge

労働安全衛生法
——労働者が健康に働くための予防措置とは？

労働安全衛生法とは？

労働者が安全な環境で健康に働くためには、予防措置と、事後的救済が重要だよね。ここでは、予防措置としての制度についてみていこう。予防措置としては、**労働安全衛生法**、これを、**安衛法**と呼ぶが、この法律が労働者が健康に働くための大切な役目を担っている。まず、事業者は、職場における安全衛生管理体制を整備しなければならない。そのために、事業者は、総括安全衛生管理者の選任、安全・衛生委員会の設置、産業医の選任を行わなければならないとされている（安衛法10条以下）。このほか、事業者は、危険・健康障害の防止措置を実施したり（同法20条以下）、安全衛生教育を行ったり（同法59条以下）、健康診断などを行わなければならないとされている（同法66条）。

A君

よく職場で健康診断が行われていますね。労働者は受診しなければいけないんですか？

先生

法律上は、義務付けられている。ただ、事業者が指定した医師の健診を希望しない人は、自分が選んだ医師による健康診断結果を書面で提出することも可能だ（同法66条5項）。そ

して、事業者は、労働者に健康診断結果を報告しなければならず（同法66条6）、健康診断実施後、事業者は、産業医の意見を勘案して、必要な措置を取らなければならない（同法66条の5）。

「働き方改革」で導入された健康面での保護措置

そして、2018年の「働き方改革」で、事業者に新たな義務が課されることになった。

前に、「働き方改革」で時間外労働の時間規制が設けられたって、やりましたね。

さらに、健康面での保護措置も導入されたんだ。事業者は、**月80時間を超える時間外労働を行った労働者**に関しては、本人の申し出に基づき、**医師による面接指導**を行わなければならず、医師の意見を勘案し、適切な措置を取らなければならないとされている（同法66条の8など）。また、「働き方改革」により創設された、時間外労働の上限規制の対象とされない新技術等の研究開発業務に従事する労働者（労基法36条11項）に関しては、本人の申出がなくても、事業者は医師による面接指導を行わなければならない（同法66条の8の2）。そして、この面接を実施するために、事業者には、高プロ対象者（労基法41条の2）を除くすべての労働者の労働時間を把握することが義務付けられているんだ（同法66条の

8の3）。

A君
前に、使用者は、管理監督者（↓P97～）や労働時間のみなし制（↓P103～）が適用される労働者の労働時間を把握しなければいけないってやりましたけど、この面接を行うためだったんですね。ところで、なんで、高プロ（↓P110～）対象者が除かれているんですか？

先生
高プロ対象者の場合は、前にやったように、使用者が把握する時間のことを、労働時間ではなく健康管理時間と呼ぶからねえ、高プロ対象者に関しては、健康管理時間が、週40時間を超えた時間、つまり、一般的労働者にとっての時間外労働時間にあたる時間、これが、月あたり100時間を超えた場合には、本人の申出がなくても、事業者は医師による面接指導を行わなければならないとされているんだ（同法66条の8の4）。

A君
労働時間や健康管理時間の把握が的確になされることが大前提となるってことですね。

先生
使用者が、労働者が実際に働いている時間を把握しなければならなくなった点が、とても重要な点だよね。

ストレスチェック制度

先生　そして、最近特に重視されているのが、メンタルヘルス対策だ。

A君　仕事のプレッシャーとかで、メンタル不調になって、挙句に自殺なんて話聞きますよね。

先生　そうならないために、ストレスチェック制度が導入された（安衛法66条の10）。事業者は、通常の健康診断とは別に、ストレスチェックを実施しなくてはならない。

先生　ストレスチェック制度では、検査結果が医師から直接労働者に伝えられることになり、医師は、労働者の同意なしに事業者に情報提供を行ってはいけないことになっている。そして、医師から、面接指導を受ける必要があると判断され、本人が希望した場合、事業者は医師による面接指導を行わなければならず、面接結果に基づき、事業者は、必要な措置を取らなくてはならないんだ。まず労働者個人が自己のメンタルヘルスを知るっていうことを出発点にしている点で、これまでの、受け身的な健康管理のあり方とちょっと違う感じがするよね。

A君　そうですね。やっぱり、精神的な問題ですからね。そうあるべきですよね。会社に知られるとなると正直に答えるのをやめておこうとか思っちゃいますもんね。

先生 そうだね。だから、ストレスチェック制度の基本的趣旨のひとつは、労働者自身が自己のストレス状況を把握し、メンタルヘルス不調を早期に発見し、医師による面接指導に繋げることで、メンタルヘルス不調を未然に防止しようということにあるといえる。
そして、もうひとつは、検査結果を集団的に分析して、職場におけるストレス要因を発見して、職場環境改善にも繋げて、リスク要因そのものを減らそうというものなんだ。

A君 個々的データが職場の状況を把握することにも使われているんですね。

先生 そう。職場のリスクを知って、予防措置をとることで、労働者のメンタル不調を未然に防ごうとすることの意義は大きいよね。ところで、ここで紹介したのは安衛法の制度のほんのごく一部だけど、安衛法は、労働者が安全に働き、健康でいられるよう、さまざまな制度を用意しているということを覚えておいて欲しい。

legal knowledge

労災保険制度
─労働者が被災した場合の事後的措置とは？

労災保険制度とは？

先生

次は、労働者が不幸にして被災してしまった場合の事後的救済制度について触れることにしよう。よく知られている労災保険法による**労災保険制度**だ。

A君

どのような制度なんですか？

先生

労災保険制度というのは、政府が、保険者となって保険料を事業主から徴収しておいて、災害が発生した場合に、被災した労働者やその遺族に、保険給付を行うという制度だ。被災した労働者あるいはその遺族が、所轄の労働基準監督署長に労災保険給付を申請し、そして、労働基準監督署長が、保険給付の支給又は不支給を決定して、請求人に通知するということになる。

A君

被災した労働者って言われましたけど、やっぱり給付の対象は、労働者に限られるってことですよね。

先生

そもそもは、労働者を対象とすることで始まった制度なんだ。まあ、ここでいう労働者とは、労基法上の労働者（労基法９条）（↓Ｐ30）と同じものなんだけどね、でも、中小企業の事業主や個人タクシーの運転手さんや大工さんなども、危険にさらされるのは、労働者と同じだよね。そういう人たちも、対象にすべきだということになって、特別加入制度が設けられたんだ（労災法33条）。そして、フリーランスに関しても、一部の業種がそこに加えられるようになってきていたけど、これからは、全業種のフリーランスが労災保険の対象とされることになる。労災保険制度の対象は広げられてきているといえる。ただ、それらの場合、保険料は、自己負担になるけどね。

保険給付の種類

具体的に、どんな給付が受けられるんですか？

給付申請が認められれば、治療費や入院費を全額負担してくれる**療養補償給付**があるし、働けなかった場合は**休業補償給付**がある。そのほか、**障害補償給付**、**遺族補償給付**、**葬祭料**、**傷病補償年金**、**介護補償給付**などいろいろな給付が受けられることになる。労災認定されるかどうかで経済的負担が大きく違ってくる。だから、認められるかどうかは極めて重要なことなんだ。

A君

随分手厚い補償がなされるんですね。給付が認められるメリットは大きいですね。どんな場合に認められるんでしょうか？

先生

業務災害の認定

まず、業務災害の場合だ。**業務災害**とは、「業務上の負傷、疾病、障害又は死亡」のことをいう（労災法7条1項1号）。業務災害と認められるためには、業務に起因して発生したもの、つまり、業務に内在する危険が現実化したと評価されるものであることが必要だ。これを**業務起因性**と呼ぶ。

先生

災害性―事故が原因の傷病

最初に、業務災害のうち、**災害性**、つまり、事故が原因で、怪我をしたようなケースについて触れることにしよう。業務災害が発生する場合としては、まず、事業主の支配下・管理下で業務に従事している場合、典型的には、就業時間中の怪我などだ。特別の事情がない限り、業務災害と認められる。

A君

会社での仕事中に怪我をしたような場合ですね。

先生　それは、業務災害だってことが最もわかりやすいケースだよね。次に、事業主の支配下・管理下にあるけど、業務に従事していない場合、典型的には、休憩時間中の怪我などだ。基本的には、業務災害とは認められない。ただ、事業場施設の不備・欠陥が原因のような場合、あるいは、そこでの活動で参加が強制されているような場合には、業務災害とされることもある。最後に、事業主の支配下にあるが、その管理を離れて業務に従事している場合だ。典型的には、出張中の怪我だ。原則的には、業務災害に当たる。でも、私的な逸脱行為、例えば、お酒を飲んで階段から落っこちたとか、そういう場合だと、業務災害には当たらない。あと、微妙なケースとしては、会社主催の運動会とかだ。

A君　よく久し振りの運動会で、おじさんが張り切り過ぎて転んで怪我するなんて聞きますよね。でも、休みの日に行われているわけですよね。それでも業務災害になるんですか？

先生　参加が強制されているなど、業務に伴う行為であると認められるような事情があれば、業務災害として扱われる。会社の慰安旅行や宴会などのケースも同様だ。

A君　じゃあ、業務災害にならない典型的ケースとしてはどんなものがあるんですか？

先生　地震とか台風などの自然災害や、本人の私的逸脱行為、例えば、同僚と喧嘩して、殴り合って怪我をしたとか、犯罪に巻き込まれて怪我をしたというような場合だ。さっき言ったように、業務災害は、あくまでも、業務に内在化した危険が現実化した場合でなくてはならないからね。

業務上の疾病―事故が原因でない疾病

先生：次に、**業務災害**として、**業務上の疾病**、つまり、事故が原因でない疾病、職業病の場合だ。今までのものは、仕事中の事故が原因で怪我をした場合なので、仕事との関連性がわかりやすいケースだよね。でも、疾病の場合、それが、仕事を原因とする職業病なのか、私生活を原因とする私傷病なのかわかりづらい。

A君：確かに。仕事で病気になったかどうかって、はっきりわかりませんね。

先生：だから、これについては、労基法施行規則別表1の2が「業務上の疾病」の範囲を定めていて、そこに列挙された状況での作業に従事する労働者が、そこに規定された疾病にかかった場合には、原則として、業務起因性が推定されることになるんだ。

過労死

それではまず業務上の疾病のうち「過労死」からみていこう。

働き過ぎで、脳とか心臓とかがやられて死に至っちゃうっていうやつですよね。

そうそう。具体的には、脳出血、くも膜下出血、脳梗塞、心筋梗塞などだ。これらの脳・心臓疾患も「業務上の疾病」として、さっき言った労基法施行規則別表に列挙されている。問題は、どういった業務の状況でその疾病が引き起こされるかだ。厚生労働省の認定基準では、①発症直前から前日までの間に「異常な出来事」に遭遇したこと、②発症前1週間において「過重業務」に従事したこと、③発症前の6か月に「長期間の過重業務」に従事したこと、のいずれかの「**業務上の過重負荷**」を受けたことによって発症した脳・心臓疾患は、業務上の疾病として取り扱うとしている。そして、「**長時間の過重業務**」については、発症前1か月間に時間外労働が概ね100時間を超える場合、又は、発症前2か月ないし6か月間に時間外労働が1か月80時間を超える場合には、業務と発症の関連性が強いとする基準（**過労死ライン**）が提示されている。

長時間労働が、大きく影響するって考えられているんですね。

先生
ただ、この認定基準は、20年ぶりに改正されていて、2021年の改正認定基準で、時間外労働が今言った認定基準を超えていない場合でも、勤務の不規則性、異動を伴う事業場外業務、心理的・身体的負荷、作業環境等、他の負荷要因を十分考慮し、業務と発症の関連性が強いと評価できるような場合には、労災認定され得ることが明らかにされたんだ。

A君
長時間労働ばかりじゃなくて、もっといろんな要因が考慮されるようになったわけですね。認定基準が広げられたってことですね。

先生
まあ、そういうことだね。

過労自殺

じゃあ次は、過労自殺についてだ。

よく話題にはなりますが、自殺でも、保険給付の対象になるんですか？

一般的には、自殺の場合は、保険給付の対象にならないことになっている（労災法12条の2の2第1項）。でも、過剰な業務により労働者がうつ病を発症し、そのうつ病により正常な判断ができなくなって自殺したような場合、業務災害となるんだ。

A君　つまり、仕事がその人をうつ病にして、そのうつ病がその人を自殺に追い込んだ、みたいなことですね。

先生　そういうことになるね。

通勤災害

先生　ところで、業務上の災害以外にも、通勤災害、すなわち、**通勤途中の災害**についても、保険給付の対象になるんだ。ここでいう通勤とは、労働者が、**就業に関し、住居と就業の場所との間を、合理的な経路及び方法により往復すること**を指す（労災法7条2項）。

A君　寄り道したらどうなるんですか？

先生　通勤とは関係ない目的で、合理的な経路をそれて関係ない行為をすると、通勤経路に戻ってもダメなんだ。でも、日常生活上必要な行為を最小限度で行った場合、通勤経路に戻った以降は通勤とみなされる。例えば夕飯の材料を買うためにスーパーに寄ったとか、あと、病院に寄って、診療や治療を受けたなんていうのもそこに含まれるとされている。

A君
よく、単身赴任者が、週末だけ自宅に帰って出勤するなんていう場合がありますけど、その途中で事故に遭うことだってあると思うんですよね。その場合、いつもの経路じゃないから、やっぱり通勤災害とはされないんでしょうか？

先生
いや、そんなことはない。単身赴任者が週末などに反復継続して帰宅する場合、赴任先の住居と帰宅する住居の双方が「住居」に当たるとされている。また、早出や長時間残業の際の宿泊場所として生活の本拠以外のアパートを使っている場合や、勤務都合上一時的に宿泊する場所も「住居」として取り扱われている。

A君
へえ～、かなり広く認められるんですね。

先生
まあ、いろいろな事情が考慮されているといえるよね。ここまで、労災保険制度を概観したが、怪我や病気で、ただでさえ治療費がかかったり物入りで大変なのに、働けなくなったりするわけだから、労災保険制度は、本当にありがたい制度だよね。

A君
そうですね。この制度をきちんと理解することはとても重要なことだということがよく理解できました。

複数事業労働者の労災保険給付・労災認定

先生

政府の兼業・副業促進政策を受けて、2020年の改正で、複数事業労働者の労災についての保護が拡充されたんだ。

A君

前に、労働時間のところで、政府が、副業・兼業促進政策を推進していて、労働時間をどうカウントするか（↓P118）についてやりましたね。

先生

そうだね。労災保険についても、新たな考え方が、提示されている。まず、通勤災害について、これまでは、勤務先から別の勤務先への移動も「通勤」として取り扱うこととされていたが、肝心の給付基礎日額については整理されていなかったんだ。

A君

給付基礎日額って何のことですか？

先生
給付基礎日額とは、保険給付を算定するために用いる額のことで、労基法の平均賃金（↓P61）に相当するものだ。今回の改正で、複数事業労働者の業務災害及び通勤災害の給

先生 

付基礎日額については、複数の事業ごとに計算した給付基礎日額を合算させることになったんだ（労災法8条3項）。図表5を見て欲しい。例えば、ある労働者が本業の事業場での月給が20万円、副業の事業場での月給が5万円だったとしよう。この労働者が副業の事業場で怪我をして労災となった場合、労災保険給付は、これまでだったら、副業の事業場の5万円のみを基礎に算定されていたんだ。それが、今度の改正で、両方が合算され、25万円を基礎に算定されることになったんだ。

A君 

へえ〜、そうなんですか。確かに、働けなくなって得られなくなったのは、25万円ですもんね。いくら、副業の方で怪我したからって、5万円じゃあひど過ぎますよね。

先生

そうだよね。それと、図表6を見て欲しい。

図表5

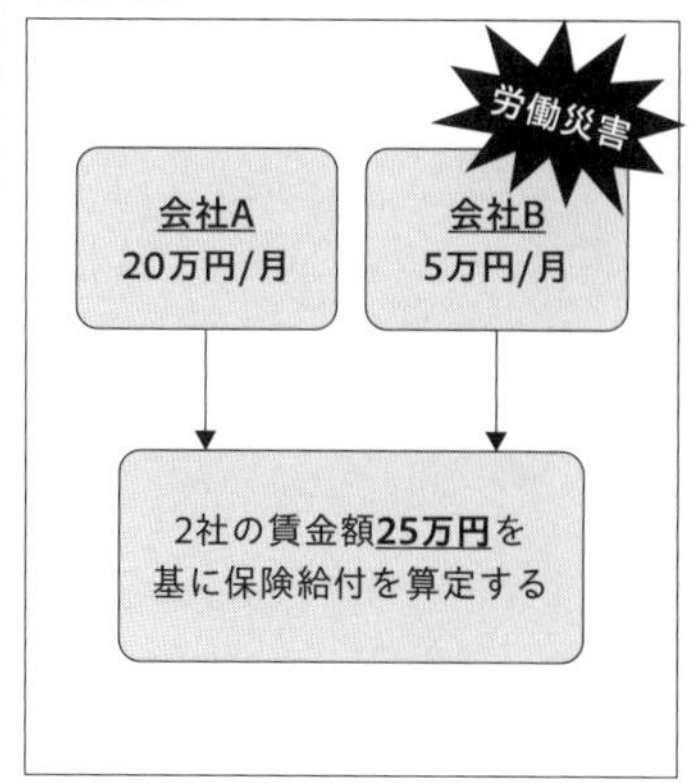

複数事業労働者が疾病を発症して、一つの事業の業務上の負荷だけでは、業務起因性が認められなくても、複数の事業の業務上の負荷を総合判断して業務起因性が認められる場合には、新たに「**複数業務要因災害給付**」という給付が支給されることになったんだ（労災法1条、2条の2、7条1項2号、20条の2〜20条の10）。

A君

複数事業場で働いて、病気になったわけだから、双方の業務全体から生じる負荷を検討すべきですよね。当然といえば当然のような気がしますね。

先生

まあ、これまであまり関心が払われてこなかった、そのような働き方をする人たちにも光が当たるようになってきたといえるよね。多様な働き方が認められるという点では、とてもよい傾向にあるということができるよね。

図表6

改正前

各会社の負荷を個別的に評価して判断する

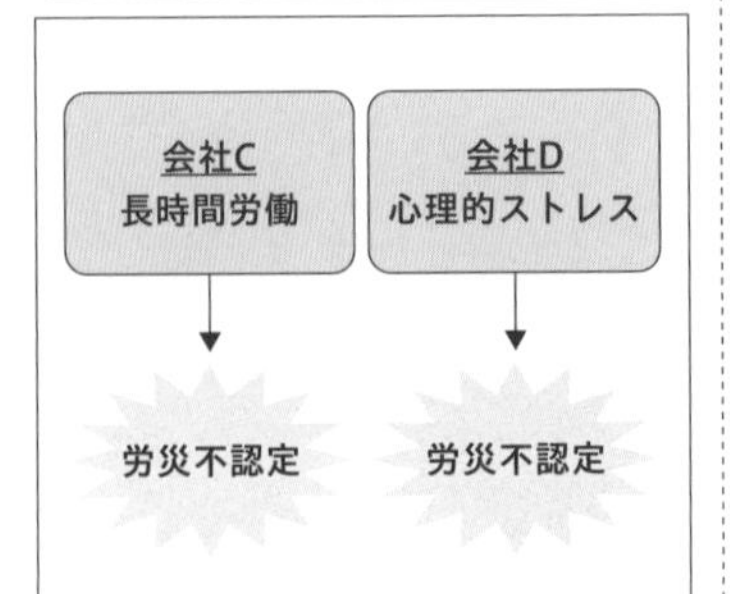

改正後

個別的に評価すると、いずれの会社でも労災認定ができない場合、2社の負荷を**総合的に評価して判断する**

legal knowledge

労災保険制度とは別に行える損害賠償請求

安全配慮義務違反又は注意義務違反に基づく損害賠償請求

先生

これまでみてきたように、労災に被災した労働者あるいはその遺族は、労災保険給付を受給することができるが、労災保険給付の限度を超える損害については、別途、使用者を相手取って損害賠償請求の訴訟を起こすことができる。少し難しい話になるが、使用者に責任を追及する法的根拠としては、**不法行為**（民法709条など）と労働契約上の**債務不履行**（民法415条）がある。

A君

あの〜、フホウコウイとか、サイム何とかとかよくわからないんですけど。

先生

不法行為っていうのは、故意（わざと）や過失（落ち度）によって、相手の権利や利益を侵害して、相手に損害を与えることをいう。そして、相手側は、その損害について賠償請求することができるというものだ。よく交通事故なんかの場合に、事故を起こした相手に、損害賠償請求するのに、持ち出される法理だ。次に、債務不履行というのは、契約上の義務を果たさないことをいう。債務不履行の場合も、損害賠償請求をすることができる。

A君　この場合、使用者が、労働契約上のどういう義務を果たさなかったとされるんですか？

先生　使用者は、労働契約上労働者に対する安全配慮義務を負っているとされる（労契法5条）（↓P28）。だから、使用者がこの安全配慮義務を果たしていないという場合に、労働者は、使用者が労働契約上の義務を果たしていないということで、使用者に対して債務不履行に基づく損害賠償を請求することができるというものだ。最近では、訴える側が不法行為・債務不履行の双方主張し、双方認める裁判例もみられる。まあ、不法行為の場合には、使用者の過失として、注意義務違反があったということを主張することになるんだが、その場合の注意義務の内容は、安全配慮義務の内容とまったく同じと考えて差し支えない。

A君　つまり、被災労働者やその遺族は、会社に対して、会社に**安全配慮義務違反**あるいは**注意義務違反**があったって主張して、**損害賠償請求**をするということですね。じゃあ、その安全配慮義務、注意義務に違反したかどうかって、どうやって判断されるんですか？

先生　安全配慮義務、注意義務のいずれについても、「**事故を予見することができてその発生を回避することが可能だったのか**」が判断される。例えば、東日本大震災で、支店長の指示で高さ10メートルの銀行支店屋上に避難して津波で流された行員らの遺族が安全配慮義務違反を理由に損害賠償請求をした事案において、裁判所は、10メートルを超える津波が来ることは予測可能だったとは認められないとして、請求を棄却している（七十七銀行〔女川支店〕事件・仙台高裁平成27年4月22日）。

A君

ああ、なるほど、予見できなきゃ回避しようがないですもんね。ということは、使用者は、事故が起こることを予見できたはずだ、だから事故を避けるために何らかの措置を講じるべきだった、それをしてないいんだから、責任取れっていうことなんですね。

先生

まあ、そういうことだ。具体的には、労働者に機械を使わせたり車両を運転させたりするような場合、当然、事故が起こることが予測されるよね。だから、事故が起きないよう機械や車両の整備を行ったり、車両の運転者に十分な技能をもつ者を選任し、安全上の注意を与えるといったことをしなくてはならないということだ。また、強盗が侵入して、労働者に危害を加えることだってあり得るよね。だから、強盗が侵入しないような防犯装置を付けるなどしてセキュリティー対策をちゃんととるとか、使用者にはそういう義務があるということだ。

A君

労働者の身に危害が及びそうな場合、あらかじめそれを予見して、そうならないよう対策を取っておかないといけないってことですね。

先生　そういうことになるね。最近では、**過労死**や**過労自殺**についても、使用者が、健康診断などを実施して、労働者の健康状態を把握したうえで、それに応じて業務の軽減など適切な措置を講じていなかったような場合、使用者の安全配慮義務違反が問われたりしている。この義務については、**健康配慮義務**といわれたりしているけどね。たとえ、労働者が、上司の命令ではなく自己の裁量で長時間労働していたとしても、使用者が何の措置も取らなかったような場合には、この健康配慮義務違反が認められることになる。

A君　仕事の量や締切りを設定するのは使用者ですもんね。本人の判断のみで過重労働を解消することはできないのが普通ですよね。本人が勝手にやってたとは言えませんよね。

先生　「働き方改革」などで、労働時間規制が外れて、長時間労働に陥りやすい人もいるからね。そういう人たちに対する使用者の目配りが欠かせないね。

過失相殺

先生　ところで、本人の性格が健康被害の発生に寄与したような場合、過失相殺（かしつそうさい）（民法418条・民法722条2項）として、損害賠償額を減額できるかということも問題となり得るんだ。

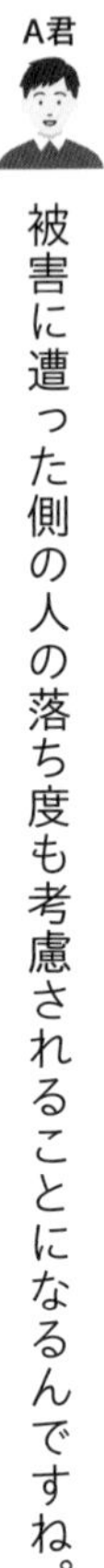

A君　被害に遭った側の人の落ち度も考慮されることになるんですね。

先生

そう。過失相殺とは、被害に遭った側にも落ち度があった場合、**損害額が減額される制度**のことだ。最高裁は、電通事件（最高裁第2小法廷平成12年3月24日）で、自殺した労働者の性格を理由とする減額について、労働者の個性の多様さとして通常想定される範囲を外れるものでない限り、過失相殺の対象としてしんしゃくすることはできないとしている。また、両親の落ち度による減額についても、労働者は、独立の社会人として自らの意思と判断に基づき会社の業務に従事していたのであるから、同居していたとはいえ、両親が、労働者の勤務状況を改善する措置を取り得る立場にあったとはいえないとして、過失相殺を否定しているんだ。

A君

当然ですよね。一人前の大人ですもんねえ、親がどうにかする立場には、ありませんよね。ところで、最近、派遣や下請とかで働く人が、増えてますよね。そういう人たちが、怪我をしたような場合は、どうなるんでしょうか？

先生

それについては、最高裁が、安全配慮義務を、ある法律関係に基づいて特別な社会的接触関係に入った当事者間の義務としている点が重要だ（自衛隊車両整備工場事件・最高裁第3小法廷昭和50年2月25日）。つまり、請負や派遣で働く労働者は、請負契約や派遣契約という法律関係で、働いている会社と特別な社会的接触関係に入ったわけだから、その会社は、当然、安全配慮義務を負うということになる。まあ、派遣や請負の契約関係について詳しくは、非正規雇用のところで話すことにするがね。

A君
なるほど。そういう働き方の人に対する安全配慮義務も認められるんですね。

労災保険給付と損害賠償の調整

A君
ところで、先生、労災保険制度とは別に損害賠償請求をすることができるということはわかりましたが、労働者が二重取りすることになったりしないんですか？

先生
そういうことがないように、労災保険給付と損害賠償請求との間で調整が図られているんだ。

「加害者」が使用者の場合

先生
まず、加害者が使用者の場合、労災保険で補償された損害額について、使用者は、損害賠償責任を免れるとされているんだ（労基法84条1項、2項）。例えば、労働者が、労災にあって、１２０万円の労災保険給付が支給された後、使用者を訴えて、裁判所が１３０万円の損害を認定したとしよう。使用者は、労災保険給付の範囲内なら支払う必要がなく、それを上回った分だけを支払うことになるから、この場合、使用者は、労働者に10万円支払うことになるんだ。

A君　なんか、使用者が得をしているように感じますけど。

先生　労災保険制度は、日本中の使用者が日ごろから労災保険料を納めていて、その労災保険料から支払われる制度だからね。

A君　なるほど。すでに使用者みんなで支払った労災保険料でカバーされているって感じになるんですね。でも、それだと、コストをかけて一生懸命安全対策を講じて、労災が発生しないように頑張っている会社と、安全対策がいい加減な会社が同じように保険料を払っているとしたら、なんだか、頑張っている会社が損しちゃう感じで不公平になるような気がするんですけど？

先生　そういうことが考慮されて、頑張った会社が損をしないように、労災発生率を低く抑えればその分保険料率を下げてもらえるシステム、これを**メリット制度**というが、そういうシステムが導入されているんだ。つまり、労災をたくさん発生させているような会社の保険料は上がってしまうということになる。

A君　ああ、なるほど、そうすれば、公平性は保てますね。

「加害者が」第三者の場合

じゃあ、第三者のせいで事故が起きた場合はどうなるんですか？

労働者が労災にあって、120万円支給され、それが第三者の行為による事故だった場合、政府が、第三者に対して、120万円の損害賠償請求をすることになる（労災法12条の4第1項）。もし、先に、裁判で、130万円の損害が認定されていたとしたら、政府は、120万円の労災保険給付を行わないということになるんだ（同条2項）。ただし、慰謝料については、労災保険給付に同じ性格の給付はないからね。労働者が、第三者からもらっていたとしても、調整の対象にはならないとされているがね（青木鉛鉄事件・最高裁第2小法廷昭和62年7月10日）。

なるほど。労災保険給付と同じ性格の損害については、労働者が二重取りにならないように工夫がなされていることがよくわかりました。

家庭と仕事の両立

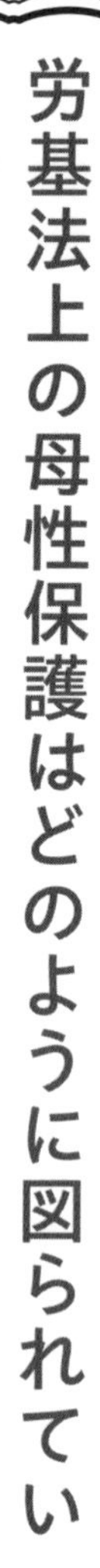

労基法上の母性保護はどのように図られているの？

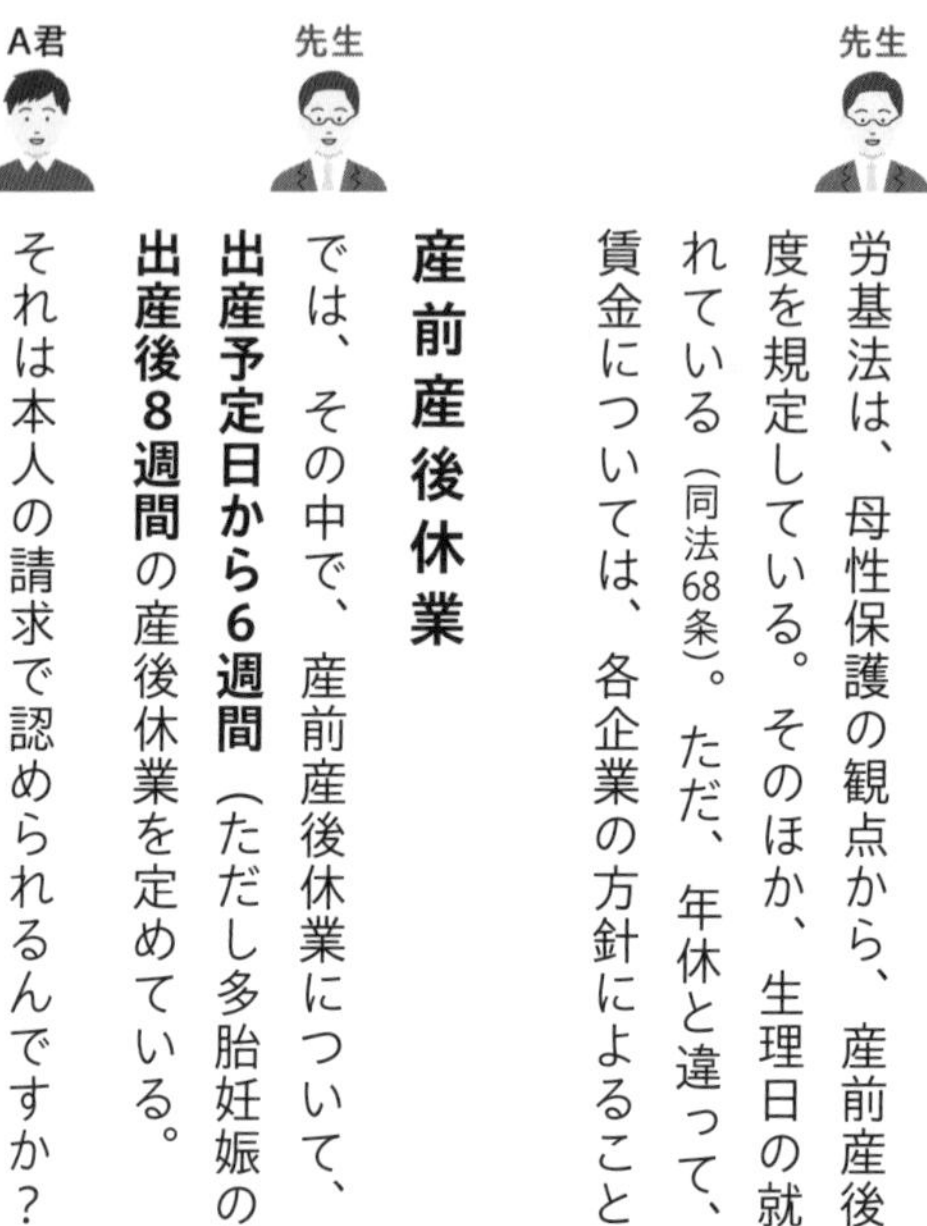

先生

休業制度

労基法は、母性保護の観点から、産前産後休業（同法65条）、育児時間（同法67条）などの制度を規定している。そのほか、生理日の就労が著しく困難な女子に生理日休暇が定められている（同法68条）。ただ、年休と違って、法律上賃金の支払義務はないんだ。だから、賃金については、各企業の方針によることになる。

先生

産前産後休業

では、その中で、産前産後休業について、ちょっと詳しく触れてみよう。労基法65条は、**出産予定日から6週間**（ただし多胎妊娠の場合は、14週間）**以内**の産前休業、そして、**出産後8週間**の産後休業を定めている。

A君

それは本人の請求で認められるんですか？

先生

産前休業はそうだけど、**産後休業については、**母体の健康のためにたとえ**本人が望まなくても、強制的に休ませなければいけない**ことになっている。ただし、最後の2週間については、本人が就業を希望し医師が認めれば、就業することができるけどね。あと、産前産後休業は、妊娠4か月以降の流産・早産・人口妊娠中絶も対象としている。

A君

産前産後休業っていうから、出産しかダメなのかと思っていました。それだけじゃないんですね。ところで、その期間、まったくお金が入らないんじゃ、生活に困ったりしませんか？

先生

確かに、さっき言ったように、この期間、会社は賃金を支払わなくていいんだ。でも、健康保険から、産前42日、多胎妊娠の場合98日、産後56日の限度で休業期間、標準報酬額の3分の2の出産手当金が支給されることになっている（健康保険法１０２条）。

A君

じゃあ、まあ安心して、休むことができますね。

育児時間

先生

次に、育児時間についてだが、1歳未満の子を育てる女性は、1日2回少なくとも30分の育児時間を請求することができる（労基法67条1項）。もともと授乳を念頭に置いた制度なんだけど、搾乳のための時間としても利用されたりしているようだね。育児時間とは直接関係ないけど、労働者が、授乳したり搾乳するための場所の設置を求めた場合、使用者には、一定の配慮が必要となってくるだろうね（労契法3条3項）。

A君

テレビでやっていましたけど、どこかの公的な施設で、授乳のための空間を段ボールで設置したら、突然開けられたり、上から覗かれたりする恐れがあるらしくて、批判されていました。やっぱり、人に見られたくないですもんね。細かな配慮が必要ですね。

先生

そうだね。ただ設置すりゃあいいってもんじゃないかもしれないね。あと、最近では、育児時間が、保育園の送迎なんかに利用されたりしているみたいなんだよね。でもそうなると、何で女性だけなんだってことになるよね。男性差別っていわれたりしている。男女双方が利用できるようにすべきじゃないかと、批判がなされているところだ。

A君

そうですよね。よくお父さんが保育園に子供を連れて行ったり、迎えに行ったりしてますもんね。

先生

その他の母性保護措置

その他、母性保護の観点から、産前産後休業の休業期間及びその後の30日間は、**解雇が**

禁止されている（労基法19条1項）。

A君 次の仕事を見つけるのが、難しい時期ですもんね。当然といえば当然ですね。

先生 うん。そして、前に取り上げた年休付与要件（↓P122）との関係では、この期間は、出勤したものとして取り扱われることになる（労基法39条10項）。

A君 確かに、欠勤扱いじゃあ、年休付与要件を満たさなくなる可能性が高くなるから、そうしたら、産前産後休業取ったために、次年度の年休が付与されなくなっちゃうなんてことになってしまいますもんね。

先生 そうなると、結構大きな不利益になってしまうからねえ。あと、労基法が規定する母性保護措置として、妊産婦に関しては、本人が請求した場合、時間外労働や深夜労働をさせてはいけないことになっている（労基法66条2項・3項）。それと、妊娠中の女性が請求した場合、他の軽易な業務に転換させなければいけないとされている（同法63条3項）。そして、次章で取り上げることになる男女雇用機会均等法が、産前産後休業その他の母性保護措置を請求・取得したことを理由とする解雇その他の不利益取扱いを、禁止している（同法9条3項）（↓P238）。

A君

まあ、この少子化の時代に、妊産婦を手厚く保護する必要性は高いですよね。

先生

今は、女性は平等に、母性はより手厚い保護を、というのが、世界的潮流だよね。この国のさまざまな法制度もこの傾向に沿ったものといえるんじゃないかな。

legal knowledge

育児・介護を行う労働者への支援ってどんなもの？

育児休業

先生 次は、**育児休業**、**育休**といわれるが、これを取り上げよう。育児介護休業法により、**1歳未満の子を養育する労働者**は、男女を問わず、育休を取ることができる（同法5条1項）。そして、事業主は原則として休業の申し出を拒むことはできないことになっている（同法6条1項）。

A君 でも、育休って、取れるのは、正社員に限られるんじゃないですか？

先生 いや、有期雇用の人たちも、1年以上雇用されていて、かつ、子が1歳6か月までの間に契約が満了にならないようなケースでは、取得可能なんだ（育介法5条1項但書）。

A君 へえ〜、正社員だけじゃないんですね。わりと知られていませんよね。ところで、育休中は、無給なんですよね？

先生 そう。だけど、雇用保険法には、育児休業給付金制度（雇保法61条の7）というものがあって、最初の180日については取得者の休業前の賃金の67%が出ることになっている。この間、社会保険が免除になるから、実質手取りの8割相当の金額が給付されることになるんだ。181日目以降は50%となるがね。

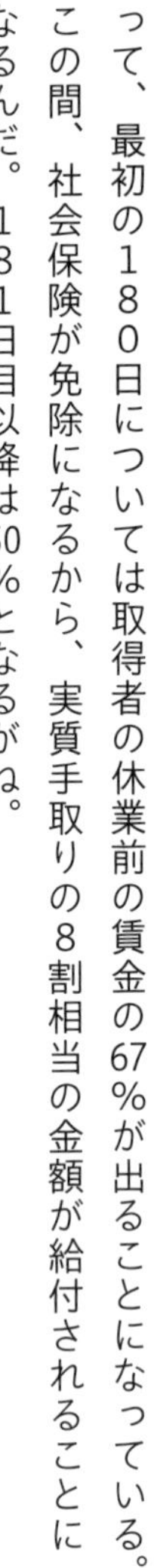

A君　産前産後休業のときと同じで、まったくお金が出ないとなっちゃうと、現実に休めませんもんね。ところで、育休で、どのくらいの期間休めるんですか？

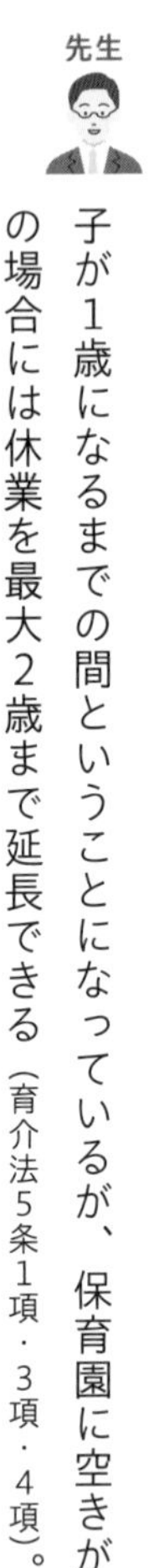

先生　子が1歳になるまでの間ということになっているが、保育園に空きがない場合など一定の場合には休業を最大2歳まで延長できる（育介法5条1項・3項・4項）。

A君　男性もなんですよね。最近では、「イクメン」とかいって騒がれていますけど。

先生　そう。さっき言ったように、育休は女性に限られていないからね。ただ、男性の育休取得率が極端に低いんだ。そこで、国は男性の育休取得促進策をとっている。そのひとつが、**「パパ・ママ育休プラス」**というやつだ。パパもママも休業するなら、**1年2か月まで**休業できますよという制度だ（育介法9条の2）。パパも育休を取ることで、メリットが得られるような制度にしているんだ。また、パパでもママでも、2回まで分割取得が可能なんだ（同法6条2項）。

A君

ああ、それだと、夫婦で、交代に休んだりと、融通が利きますね。

先生

それ以外に、パパは、通常の育休とは別に、**子の出生後8週間以内に4週間まで「産後パパ休暇」**を取ることができる。これも2回まで分割可能になっている（育介法9条の2）。

A君

出産直後に、実家とか頼れる人はいいけど、そうじゃない人もいますからね、旦那さんの協力が得られる制度はありがたいですね。

先生

そうだよね。そして、現在（2024年3月）、両親がともに14日間以上の育休を取得した場合、28日を上限に、また、産後パパ休暇を取得した場合、育児休業給付金を80%に引き上げることが検討されている。社会保険の免除を考慮すると、実質手取りの10割相当の金額が給付されることになる。夫が産後パパ休暇を取得している場合の女性の育児休業給付についても、4週間を限度に、同様に給付率を引き上げる方針のようだ。男性の育休取得、そして、産後パパ休暇の取得の促進策ということができるよね。

A君

手取りと同額が出るんなら、経済面でのデメリットはなくなるわけだから、確かに休みを取りやすくなりますね。

先生

あと、2023年4月から、従業員千名以上の企業に対して、男性の育休取得状況を年一回インターネットなどを通して公表することが義務化されたんだ。これも、男性の育休取得の促進策のひとつといえるよね。

勤務時間の短縮措置

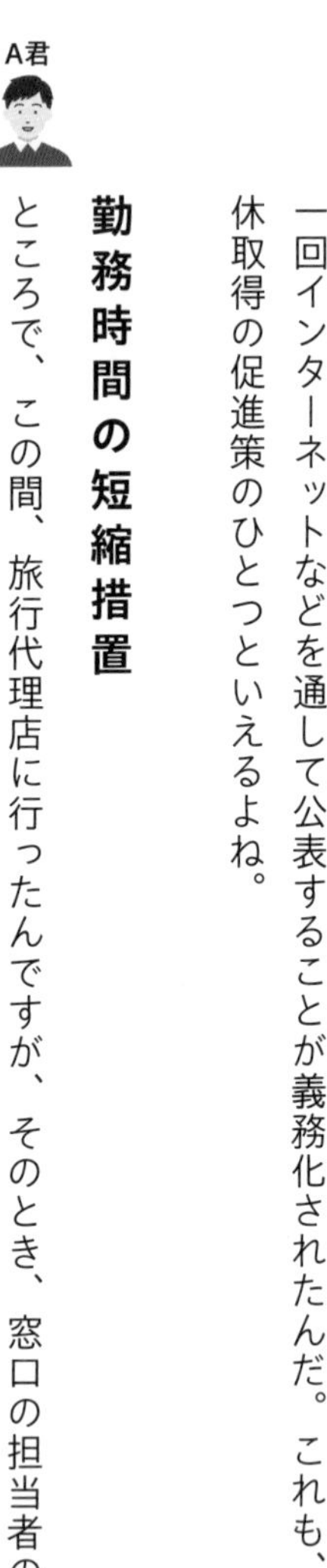

A君　ところで、この間、旅行代理店に行ったんですが、そのとき、窓口の担当者のプレートのところに、「私は、2歳の子をもつママです。16時には退社します」って書いてあったんですよ。そういうのを許されていて、いい会社だなって思いました。

先生　それも、法律で認められているんだ。3歳未満の子を養育する労働者が請求した場合、事業主は、少なくとも1日の所定労働時間を6時間に短縮する措置をとらなければならないことになっている（育介法23条1項）。そのお母さんは、きっと、保育園のお迎えがあるから、会社を16時に出なくちゃならないんだろうね。これもよい制度だよね。

時間外労働の制限・深夜労働の免除

先生　あと、小学校就学前の子を養育する労働者の申請があった場合、1月について24時間、1年について150時間を超えて労働時間を延長できず（育介法17条・18条）、深夜労働をさせることはできないことにもなっている（同法19条・20条）。子供を育てている人にとって、残業はきついよね。保育園に子供を預けながら働く人が多いだろうから、そういうのに配慮した規定といえるね。

不利益取扱いの禁止

先生

ここまで、子育てを行う労働者のための制度をいろいろ紹介したけど、利用したことで、不利益を被るようだと、結局、利用されなくなっちゃうよね。そこで、育休の取得をはじめとして、これまで話した看護休暇、勤務時間の短縮措置、時間外労働の制限・深夜労働の免除の申し出などをしたことを理由とする解雇その他の不利益取扱いは禁止されているんだ（育介法10条、16条の4、16条の10、18条の2、20条の2、23条の2）。

A君

そうでないと困りますよね。嫌な目に遭うんじゃあ、利用するのを躊躇（ためら）いますもんね。

子の看護休暇

先生

ところで、育休は、基本的には、子が1歳になるまでだけど、子供って、そうすぐには大きくならないからね。その後の保護も必要だよね。特に、幼い子は、突発的に熱を出したりするし、そういうときに限って、仕事が大変だったりするもんで、親の都合通りにいかないものだよね。まあ、仕事の方はどうにもできないけど、子供が病気になったとき、休める制度がある。子の看護休暇といって、**小学校就学前の子を養育する労働者は**、申し出によって、**子が1人なら年に5日、子が2人以上なら年に10日**まで看護のために休暇を取得することができる（育介法16条の2第1項）。これは1日未満の単位で取得することも可能だ（同条2項）。事業主は、申出を拒むことはできない（同法16条の3第1項）。

A君

子育て中の労働者にとっては、ありがたい制度ですよね。また、1日未満で取得できる点も、助かりますね。「子供が熱を出した」なんて保育園から連絡があったときでも、看護休暇を半日取って、迎えに行くなんてこともできますもんね。

介護を支援する制度

介護休業

先生

では、ここで、介護休業についても、簡単に触れることにしよう。要介護状態（育介法2条3号）にある家族（同条4号）を介護する者は、対象家族1人につき通算して93日を上限として3回まで分割して取得することができる。この期間だけで、介護のすべてができるわけではないよね。これは、介護の体制を整えるための期間だなどといわれている。そして、休業中は無給が原則だが、介護休業給付制度により、雇用保険から、休業前の賃金の67%が支給されることになっている（雇保法61条の4）。事業主は労働者の申出を原則として拒めず（同法12条1項）、不利益取扱いが禁止される（同法16条）。あと、所定外労働時間の免除（育介法16条の9）、法定時間外労働（同法18条）・深夜業の制限（同法20条）、短時間勤務（同法23条3項）など、育児休業の場合と類似した制度も用意されている。

介護休暇

先生

そのほか、介護休暇といって、要介護状態の家族が1人であれば年5日、2人以上であれば、年10日まで休暇を取得できる制度もあるんだ（育介法16条の5第1項）。これも、子の看護休暇同様、1日未満の単位での取得も可能であるとされている（同条2項）。

A君

介護による離職とかありますもんね。介護のため有能な人材が失われるのは、社会的にも損失ですよね。国だけじゃなく、企業にもそのあたり配慮してもらいたいものですね。

先生

最近では、仕事をしながら、介護を行う人のことを、ビジネスケアラーなどと呼んで、仕事と介護の両立の難しさが指摘されたりしているよね。介護を担う世代の人たちは、年齢的に、社会生活も円熟していて、企業にとって重要な存在になっている場合が多いといわれている。介護との両立によるパフォーマンスの低下は否めず、企業に与える影響は、どうしたって大きいよね。企業には、そういう人たちのパフォーマンスの低下を最小限に抑えられるような何らかの工夫が求められるといえる。超高齢社会においては、企業も避けて通れない問題だよね。国の制度ばかりでなく、企業も、そういった人たちの個々的な立場を十分理解したうえで、仕事と介護を両立するためにどんな支援や配慮が必要か考えなければならない時代になってきているということなんじゃないかね。

配転についての配慮

前にも、配転のところで触れたように、裁判所も、育児・介護を行うことが困難になる労働者に対して、その状況に応じた配慮をしなければならない旨を定める育児介護休業法26条が求める配慮がなされたかどうかは、配転命令権の濫用の判断において、考慮されるべき重要な要素だと明言している（ネスレ日本（配転本訴）事件・大阪高裁平成18年4月14日）。

ああ、それやりましたね。少子化や超高齢化が進む中、企業に対して、家庭責任を負った労働者への配慮を、より一層促していかなければならないということなんでしょうね。

第11章

差別のない職場に

職場における男女平等―男女雇用機会均等法

男女雇用機会均等法制定前

先生　ここでは、職場における男女平等について取り上げることにしよう。労基法3条は、「使用者は、労働者の国籍、信条又は社会的身分を理由として、賃金、労働時間その他の労働条件について、差別的取扱をしてはならない」と規定している。これを、均等待遇というけどね。ここに「性別」が規定されていないんだ。労基法においては、4条で、女性であることを理由とする賃金差別が禁止されているだけなんだ。どうして労基法3条に性別が入っていないかというと、当時の労基法に、時間外・休日労働、深夜業、危険有害業務などについて女性に対する特別な保護規定が存在したからだといわれている。

A君　じゃあ、女性に対する賃金以外の差別はすべて許されたってことですか？

先生　いや、そういうわけではないんだ。女性にだけ定められた結婚退職制とか、女性の若年定年制などについて、裁判所は、**公序良俗違反の法律行為は無効**だと定める**民法90条**の一般規定などを用いて、そういう制度を無効だとしてきたんだ。定年年齢が、男性55歳、女性30歳とかね、ひどいよね。

へえ〜、昔は、そんなのがあったんですね。驚いちゃいますね。

まあ、職場には若い女性しか要らないってことだよね。そこまでひどくないケース、例えば、男性60歳、女性55歳という定年制も、最高裁は、無効だとしている（日産自動車（男女別定年制）事件・最高裁第3小法廷昭和56年3月24日）。でも、判例だけじゃあ不十分だよね。

男女雇用機会均等法

A君 先生

そこで、男女雇用機会均等法ができたんですね。

そう簡単にいったわけではないんだけどね。ここでは、**男女雇用機会均等法**を、**均等法**と呼ぶこととしよう。均等法は、国連・女性差別撤廃条約（１９７９年採択）批准のための国内法整備として、１９８５年に成立したものだ。この法律の制定には、経済界からの反対も強く、かなり難航したんだ。この１９８５年法は、女性差別のみを禁止する、いわゆる片面的立法であり、また、募集・採用、配置・昇進に対する差別規制が努力義務にとどまるものだった。努力義務というのは、「努めなければならない」などと規定するもので、禁止規定ではないから、実効性に欠けるものだったんだ。

A君　それじゃあ全然意味ないんじゃないですか？

先生　まあ、１９８５年法は、妥協の産物だったからねえ。でも、社会にそういう認識を広める意味でも、一歩踏み出したってことが重要なんだと思う。その後、１９９７年に法改正があり、批判の強かった、募集・採用、配置・昇進について、差別が禁止されることになったんだ。そして、１９９７年法の施行は、１９９９年４月１日だが、その日を境に、それまでの、看護婦とか、保母など、女性を表す職業名は禁止され、看護師、保育士の呼び名に変更されたんだ。それと、セクシュアル・ハラスメントに関する規定も置かれた。また、**積極的差別是正措置**、いわゆる、**ポジティブ・アクション**が規定されたことも重要だ。

A君　ポジティブ・アクションって、どのようなものなんですか？

先生　過去から差別を受け続けてきた人たちが、今、突然平等になったとしても、その人たちは相変わらずハンディキャップを負ったままだから、いつまで経っても決して平等にはならないよね。そこで、もっと積極的な措置を講ずることによって、差別を是正していこうとするのが、ポジティブ・アクションだ。例えば、ある職種、あるいは、管理職への昇進などに関して、基準を満たす者の中から、女性を優先的に登用したりすることだ。

A君　え？　それって、男性にとっては、「なんで俺じゃいけないの？　男だからダメなの？　俺が差別してきたわけでもないのに」って感じになりませんか？

先生　まあそうなんだ。これは、ある意味、男性差別になってしまうことだが、それでも、政府の掲げる女性管理職の割合は、なかなか達成できないようだからね。推進していく必要性は高いんじゃないかね。そして、均等法は、2006年に再度改正された。その後もちょこちょこ改正はされてきているけど、基本的にはこれが現行法といっていい。これで、ようやく**男女双方に対する差別が禁止される両面的立法**となったんだ。

A君　つまり、男性に対する差別もいけないってことになったってことですよね。そうすると、さっきのポジティブ・アクションも許されないことになりませんか？

先生　いや、ポジティブ・アクションについては、例外的に平等原則が排除され、差別的な取扱いとはされないことになっているから（均等法8条）、特に問題とはならないんだ。

A君　ああ、そうなんですか。ところで、この法改正で、どんなところが変わったんですか？

先生　それまで、**募集・採用、配置・昇進・教育訓練、福利厚生、定年・解雇**について差別だけが禁止されてたわけだが（均等法5条・6条）、実際には、これら以外のところで、差別的取扱いがなされてきたことから、**降格、職種変更、正社員からパートなどへの雇用形態の変更、退職勧奨、雇止め**（契約更新しないこと）についての差別の禁止も加えられることになったんだ。また、均等法9条3項において、妊娠・出産・産前産後休業を取得したこと、その他の母性保護措置を受けたこと、均等法の母性健康管理措置を受けたこと、妊娠中の軽易業務への転換等（均等法施行規則2条の2）を理由に、**解雇その他の不利益取扱いをすることが禁止**され、**妊娠中の女性労働者**及び**出産後1年を経過しない女性労働者**に対してなされた解雇は、事業主が、均等法9条3項における事由を理由とする解雇でないことを証明しない限り**無効**とされることになった（同条4項）。

A君

へえ～女性差別禁止の対象事項がずいぶん増えたんですね。それに、妊娠・出産に関係する差別的取扱いの禁止もかなり強化されたということですね。

先生

手厚い保護がなされるようになったのは確かだね。そのほかに、**セクシュアル・ハラスメントの対策**も強化されたんだ（均等法11条）。あと、一部の**間接差別**が禁止された（均等法7条）。間接差別というのは、基準自体は、性中立的なんだけど、それを当てはめると結果的に、差別になるというものだ。その対象は、厚生労働省令で定められることになっている。具体的には、労働者の募集・採用にあたり、一定の身長、体重又は体力を要件とすることと全国転勤を要件とすること、また、昇進にあたり、転勤経験を要件とすることだ。このようなことを要件とする場合には、業務遂行上必要であることなどの合理的理由を示さないと間接差別だとされることになった。まあ、これまで、諸外国では差別として認識されてきた間接差別が、日本では差別として認識されてこなかったから、認められた意義は大きいとは思うけど、間接差別は、これら以外にもいろいろあるからね。その点については、今後に期待したいところだね。

性的少数者（ＬＧＢＴＱ）の訴えは？

先生　ここで、性的少数者（ＬＧＢＴＱ）に対する動向についても、触れておこう。ＬＧＢＴＱとは、レズビアン、ゲイ、バイセクシュアル、トランスジェンダー、クエスチョニングの人たちのことで、クエスチョニングとは、性的指向や性自認が未確定の人をいう。

A君　そういうのをカミングアウトするのって、すごく勇気の要ることだと思いますが、最近では、そういう人も増えてきて、社会の方もそういった多様性を受け入れる方向に変化しつつありますよね。

先生　そうだね。そのような状況を背景に、最近では、性的少数者の人たちに対する人事上の措置が争われる事例がいくつかみられるようになってきている。例えば、性同一性障害で生物学的には男性の労働者が、女性の格好をして出勤することを禁止する命令に従わなかったことを理由に、懲戒解雇された事件（S社事件・東京地裁平成14年6月20日）で、裁判所は、会社には、労働者の性同一性障害に関する事情を理解し、この労働者の意向を反映しようとする姿勢が認められないこと、女性の格好をした労働者を就労させることが、会社における企業秩序又は業務遂行において、著しい支障を来すと認めるに足りないなどとして、懲戒解雇を無効にしている。同様に、性同一性障害で生物学的には男性のタクシー乗務員が化粧をすることの当否が問題となった事件（淀川交通事件・大阪地裁令和2年7月20日）で、裁判所は、女性乗務員と同等に化粧をすることは認めるべきで、化粧を理由とする就労拒否には理由がないとしたものもある。

A君　それらの事件からは、生物学的に男性の労働者が、女性の格好をして働くってことは認められていると考えてもいいってことですね。

先生　そうだね。そこは、認められているといっていいようだね。次にあげる事件は、マスコミやネットでもかなり報じられ、衆目を集めた事件だが、性同一性障害の経済産業省の職員のトイレ使用に関するものだ。

A君　ああ、結構話題になっていましたね。

先生　経済産業省のこの職員についても、やはり女性の服装で勤務することについては認められてきていたんだ。だけど、女性用トイレの使用について制限を受けていたんだ。そこで、人事院に救済を求めたんだが、人事院が、経済産業省の対応には問題がないと判定したことで、この職員が、「人事院の判定は国家賠償法違反だ」などとして、国を訴えた事件だ。

A君 トイレ利用については、日々の切実な問題ですよね。ただ、他の利用者もいるわけだし、自分がどんな服装をするかという問題とはちょっと違って、より難しい問題ですよね。

先生 まあ、そこだよね。この事件で、1審（国・人事院（経済産業省）東京地裁令和1年12月12日）は、この職員に対する抽象的な違和感やトラブルが将来起きる可能性だけで、トイレの利用を制限することはできないとしたんだが、2審（同事件・東京高裁令和3年5月27日）は、1審の判断を覆し、経済産業省としては、他の職員が有する性的羞恥心や性的不安などの性的利益を考慮し、職員を含む全職員にとっての適切な職場環境を構築する責任を負っているんだから、同省がした判断がその裁量を超えるものとは言い難いとしたんだ。

A君 ああ、なんか、今の流れに逆行するような判断ですね。

先生 ちょっとそんな感じだよね。でも、最高裁（同事件・最高裁第3小法廷令和5年7月11日）は、まず、この職員が、自認する性別と異なる男性用のトイレを使用するか、執務階から離れた階の女性トイレ等を使用せざるを得ず、日常的に相応の不利益を受けていると指摘したうえで、職員は、健康上の理由から性別適合手術を受けていないものの、女性ホルモンの投与を受けるなどしており、性衝動に基づく性暴力の可能性は低いこと、現に、執務階から2階以上離れた階の女性トイレを使用するようになったことでトラブルが生じたことはないことなどの個別の事情を挙げて、この職員が庁舎内の女性トイレを自由に使用することについて、トラブルが生ずることは想定し難く、この職員に対し、さっき言ったような不利益を甘受させるだけの具体的な事情は見当たらないと述べて、人事院の判断は、他の職員に対する配慮を過度に重視し、この職員の不利益を不当に軽視するものであって、著しく妥当性を欠いたものだとして、2審判決を破棄したんだ。

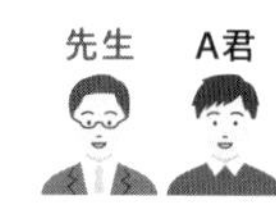

最高裁は、多様性社会に即応した判断を下したといえそうですね。

まあ、そういえるよね。そして、この判決では、最高裁の5人の裁判官全員が、補足意見を出しているんだが、そのうち宇賀克也裁判官の補足意見では、他の職員らが違和感や羞恥心を感じるのであれば、それは、性的少数者に対する理解が十分でないからであって、そういった違和感や羞恥心を取り除くべく研修などを行うべき旨の指摘がなされているんだ。2審は、職員にそういう違和感や羞恥心が生じることを理由として、トイレの利用制限措置を正当なものと認めたのに対して、この意見は、そういう偏見こそ改められるべきだと言っているようにも感じられるよね。

この判例が投じた一石は大きいですね。

先生

そういうことができるよね。世界保健機関（ＷＨＯ）は、２０２２年１月から、性同一性障害を「精神障害」の分類から除外し、その呼称を、性別不合（Gender Incongruenceの厚生労働省による仮訳）に変更している。つまり、「障害」という言葉を用いるのが、適切ではないと判断されたということだ。これまでの説明では、裁判例の表現に従って、性同一性障害という呼称を用いたけど、このＷＨＯの決定を受けて、今後日本でも、変更されていくことが予想される。性同一性障害特例法の名称や内容を修正するのか、新しい考え方のもとで法律を作り直すのか、まだ未知数ではあるがね。

第12章

どこからがハラスメント？

セクシュアル・ハラスメント

legal knowledge

先生

ここでは、**セクシュアル・ハラスメント**を取り上げよう。まあ、**セクハラ**というけどね。セクハラについての対策措置だけど、前にも少し触れたが、1997年の均等法改正で、事業主のセクハラ防止配慮義務が規定され、2006年の改正で、それが、措置義務となったんだ（均等法11条1項）。つまり、強化されたっていうことだよね。

A君

どのような対策措置をとらなければならないんですか？

先生

2006年に策定された均等法の指針では、事業主の方針の明確化およびその周知・啓発、相談・苦情への対応、セクハラが生じた場合における事後の迅速かつ適切な対応をとることなどが定められている。そして、これらの措置と併せて講ずべき措置として、相談者・行為者等のプライバシーを保護するために必要な措置をとること及びその旨を労働者に対して周知することや、相談者及び協力者に対する不利益取扱いの禁止およびそのことの労働者に対する周知・啓発が定められている。この最後の点に関しては、現在、均等法に、相談者に対して、事業主が解雇その他の不利益な取扱いをしてはならないと明記されている（均等法11条2項）。

A君　セクハラって、女性の男性に対するものも含まれるんですか？　あと、同性の同性に対するものなんかもセクハラになるんですか？

先生　前に職場における男女平等の章のところで、２００６年の均等法改正によって、それまでの、女性差別禁止法から、男女差別禁止法に均等法の性質が変わったことについて触れたよね。だから、当然、セクハラについても、**男性も保護の対象**となる。それと、今言った均等法の指針は、２０１３年に改正されていて、そこに、セクハラの対象として、同性に対するものも追加されたから、**同性の同性に対するもの**も明らかにセクハラになるよね。さらに、２０１６年にも均等法の指針は改正されていて、ＬＧＢＴＱ問題も視野に入れ、被害者の性的指向又は性自認にかかわらず、同指針の対象とされることが明らかになったんだ。

A君　なるほど。最近じゃあ、男性の男性に対する性的嫌がらせも、結構問題になっていますもんね。ところで、セクハラって、刑罰の対象にもなるんですか？

先生　セクハラが性暴力を伴う場合、刑法上の犯罪として、加害者は、刑事責任を問われることになる。例えば、不同意わいせつ罪（刑法176条）とか、不同意性交等罪（同法177条）などだね。もちろん、民事訴訟で、損害賠償請求することも可能だ。

A君　具体的に、どんな行為がセクハラとして問題になっているんですか？

先生　性的関係が強要されたようなケースでは、性的関係が両者の合意によるものかどうかが問題となるが、やはり上司と部下の関係での強要と判断されることになる可能性が高いよね。昔からよくある行為として、女性部下の胸やお尻を触るなどの行為だよね。男性は、スキンシップだなんて言うけど、当然許されない行為だよね。また、言動についても、性生活や容姿を揶揄するような言動、異性関係の乱れを吹聴するなど相手の名誉感情や人格を貶める言動、そのほか、一般的な性的会話なんかも、セクハラだとされる。

A君　でも、人の見ている前でセクハラをしているような場合、わかりやすいですが、二人だけしかいない場所で、セクハラ行為が行われるってことが多いように思うんですよね。そうすると、本当にそういう行為があったかどうかって、わかりにくくないですか？

先生　そうなんだよ。セクハラは、密室でなされることも多いから、第三者の証言がなく、被害女性の対応で判断されたりするので、女性の対応をどう捉えるかが問題となってくる。例えば、横浜セクシュアル・ハラスメント事件1審（横浜地裁平成7年3月24日）では、女性は、上司の男性から強制わいせつ行為に匹敵するような行為を受けているのに、女性があまりに冷静・沈着な思考及び対応をしていることが、裁判官には納得し難く、女性が直接的な抵抗をしなかったことは不自然だとして、女性のセクハラの主張は信用できないとされたんだ。これに対して、同じ事件の2審（東京高裁平成9年11月20日）では、米国におけるレイプ被害者の対処行動に関する研究が引き合いに出され、そういう場合、被害者は、身体的又は心理的麻痺状態に陥ってしまったり、加害者をどうやって落ち着かせようかと考えを巡らし、その状況から逃れるために加害者と会話を続けようとしたり、加害者の気持ちを変えるための説得をしようとしたりして、逃げたり声を上げたりすることが一般的な対応であるとは限らないとして、女性の供述は信用できるとされたんだ。

知らない人に襲われているわけじゃないですもんね。人間関係のある中での出来事ですからね、その後の人間関係を考えた場合、相手を突き飛ばして、叫ぶことができる状況じゃないですよね。何とか穏便に解決しようとしますよね。そういうのが、逆に、職場のセクハラを助長してしまうのかもしれませんけどね。

そういうことで、裁判を起こそうとするのは、そもそも勇気の要ることだよね。加害者の行為を受け入れていたっていうのは、一般的に考えにくい気がするけどね。

A君：そうですよね。ところで、さっき、訴訟で、損害賠償請求が可能だといわれましたが、責任を負うのは、やった本人だけですか？　会社も責任を負うんですか？

先生：セクハラの加害者に対しては、不法行為（民法709条）（↓P211）に基づき損害賠償請求をすることができる。会社に対しては、使用者責任（民法715条）や、会社が労働契約上負っている職場環境配慮義務違反、つまり、契約上の義務に違反したとして、債務不履行（民法415条）（↓P211）に基づき損害賠償請求をすることができる。

A君：被害に遭った人は、加害者に対しても会社に対しても損害賠償請求ができるということですね。

先生：そういうことだ。

A君：じゃあ、職場外でセクハラがあった場合はどうなんですか？

先生：そうだよね。セクハラが起きるのは、勤務中ばかりじゃないからね。さっき言った**使用者責任**だけど、労働者が、**「事業の執行について」**行った行為について、使用者に責任が生ずるんだ。だから、職場外でのセクハラが、「事業の執行について」行われたかどうかが問題になる。「事業の執行について」行われたとされれば、会社も損害賠償責任を負わされることになるわけだ。ある裁判例では、女性を二次会のカラオケに誘い、嫌がる女性に対し仕事の話を絡ませながら性的嫌がらせを繰り返したという事件（大阪セクシュアル・ハラスメント事件・大阪地裁平成10年12月21日）で、男性の性的嫌がらせは、職務に関連させて上司たる地位を利用して行ったもの、つまり、「事業の遂行について」行われたものであるとして、使用者責任が認められている。

A君

そりゃあそうですよね。職場外だって、上司っていう地位を利用してセクハラしているわけですもんね。

先生

よくいるよね。嫌がる女性に無理やりデュエットを強要して、盛り上がっているおじさん。今、みんな携帯で撮るから、証拠がバンバン出て来て、言い逃れできないなんていわれているよね。

A君

「このくらいいいじゃない」と思って調子に乗ったり、「きっと自分に好意をもってくれているんだ」って、勘違いしちゃあいけませんよね。モテるわけないんだから。やっぱり、自分の立場を自覚すべきですよね。相手に対して影響力をもった人間は、相手が黙っているから、受け入れられてるって、思っちゃいけませんね。

先生

そこは、本当に充分気を付けなくちゃいけないところだよね。それともうひとつ、さっき言った、2013年の均等法指針改正で、**性役割分担意識に基づく言動**もセクハラに追加されたから、「○○は女には無理」とか、「女はサポート業務を行うべき」とか、「女は家庭に入るべき」といったような古い固定観念に基づく言動もセクハラに当たる。また、これは対男性でも同様なんだ。「一家を養うのは男の役割」「男のくせにだらしない」「男なんだから我慢しろ」などという言動も、セクハラに当たる。

A君

古い固定観念を根強くもっている人って、今でも結構いますよね。女性に対するそういった言動については、わりと認識されつつあるといえますけど、男性に対する言動は、言っている人に悪気はなく、むしろ本人は励ましでポジティブな意味でそういう言葉を発したりする場合がありますよね。言動には、本当に気を配らなければいけない時代が到来したということですね。

先生

まあそういうことになるね。

マタニティ・ハラスメント

次は、**マタニティ・ハラスメント**を取り上げることにしよう。ここでは、**マタハラ**と呼ぶことにする。すでに前章において簡単に触れた2006年均等法改正により、均等法9条3項において、妊娠・出産・労基法の産前産後休業を取得したこと並びに労基法の母性保護措置や均等法の母性健康管理措置を受けたこと、労基法の妊娠中の軽易業務への転換したこと等（均等法施行規則2条の2）を理由とする解雇その他の不利益取扱いが禁止されることになった。それまで、妊娠・出産・労基法上の産前産後休業の取得を理由とする解雇だけが禁止されていたわけだから、保護の対象が広げられたことと、不利益取扱いまでも含められたことの意義は大きいといえる。

不利益取扱いっていうのは、具体的にどういうことをいっているんですか？

厚生労働省の指針によると、雇止め（契約更新しないこと）、減給、賞与などの不利益な算定、退職勧奨、契約内容変更の強要、不利益な配置の変更、降格、昇進・昇格の人事考課において不利益な評価を行うことなどだとされている。

A君　実際に妊娠・出産を契機にそういう取扱いがなされてきていたということですよね。

先生　うん。そういう実態が反映されての改正なんだと思う。また、この条文は、強行法規（↓P20）だからねえ、それらの行為は、無効となるし、そういった取扱いに対し損害賠償を請求することもできるということになる。あと、これについても、すでに触れたが、妊娠中の女性労働者及び出産後1年を経過しない女性労働者に対してなされた解雇が、均等法9条3項の規定する事由を理由とする解雇でないことが証明されない限り無効とされることにもなったわけだ（同条4項）。

A君　随分手厚い法規制がなされているように感じますが、実際には、問題は生じていないんでしょうか？

先生　これに関連する事件としては、病院の副主任であった理学療法士である女性が妊娠したため、病院に労基法が定める妊娠中の軽易な業務への転換（同法63条3項）を申し出たところ、軽易業務が命じられたんだが、同時に降格されたという事例がある。

A君　その降格は、さっき言われた、均等法9条3項の禁止する労基法の妊娠中の軽易業務への転換したことを理由とする不利益取扱いにもろに当たるように感じますが…。まあ、病院としては、副主任としての仕事ができないから外さざるを得ないと判断したんでしょうけどね。

先生

病院はそういうつもりだったんだろうけど、最高裁（広島中央保健生協（C生協病院）事件・最高裁第1小法廷平成26年10月23日）は、妊娠中の軽易業務への転換を契機になされた降格は、原則的に、均等法9条3項に違反すると判断した。そして、例外的に、労働者の真の同意がある場合、又は、業務上の必要性から支障が生じるような「特段の事情」がある場合には、違反とはならないとしたんだ。この事件では、本人は降格を不本意ながら受け入れたという経緯があったんだが、事業主から適切な説明を受けて十分に理解した上でその諾否を決定し得たものとはいえず、降格の承諾に関して、本人の真の同意があったということはできないし、また、業務上の支障も十分明らかにされていないとして、この降格は無効とされたんだ。ほかにも、女性労働者が、妊娠が判明して会社に告げたら、会社が、派遣登録を提案して、退職扱いにしたという事例で、女性労働者の自由意思に基づく退職合意ではないとされて…そりゃそうだよね…その退職合意が無効とされた事件がある（TRUST事件・東京地裁立川支部平成29年1月31日）。

A君

なるほど。会社が行う不利益取扱いについては、厳しく法規制がなされているし、裁判

所もそれを後押しする感じですね。でも、どうですか？　実際に嫌がらせをするのは、職場の上司とか同僚なんじゃないですか？　もちろん、そういう人達が嫌がらせをするのは、休まれるとしわ寄せが来て、迷惑を被ることになるからなんでしょうけど。妊娠した人が、周りの人たちにさんざん嫌みをいわれて居づらくなったとか、まったく配慮されずハードな仕事をやらされて流産したなんていう話を聞いたこともあります。

先生

職場の上司や同僚による嫌がらせについての法規制は存在しないんだ。でも、周りの人たちにしわ寄せが来るってことは、結局会社の配慮が足りないからだよね。そういうことを背景に、均等法が２０１６年に一部改正され、女性労働者に対する妊娠、出産ないしはこれらに係る制度の利用等に関する職場における言動によって、その女性労働者の就業環境が害されることのないよう、相談その他の対応のための体制整備など雇用管理上必要な措置を講じなければならないことが事業主に義務付けられたんだ（均等法11条の2）。また、厚生労働省の指針は、事業主にハラスメントの原因や背景となる要因を解消するための措置をとることなどを求めている。

A君
結局、会社がどう対処するかってことになりますね。

先生
そう。前にやったように、労働者が産前産後休業とか育児休業を取得した場合、会社はその人に賃金を支払わなくていいわけだから、その浮いたお金で、代替要員を雇うことはできるわけだからね。まあ外から来た人にいきなり抜けた人の穴を埋めさせるってことはまず不可能だろうから、順繰りに配置を変更するなどして、周りの人たちにも新たな仕事にチャレンジする機会となるよう工夫することもできるよね。周りの人たちから不平不満が出ないように配慮することは、実際には可能だとは思うけどね。

legal knowledge

パワー・ハラスメント

パワー・ハラスメント防止措置

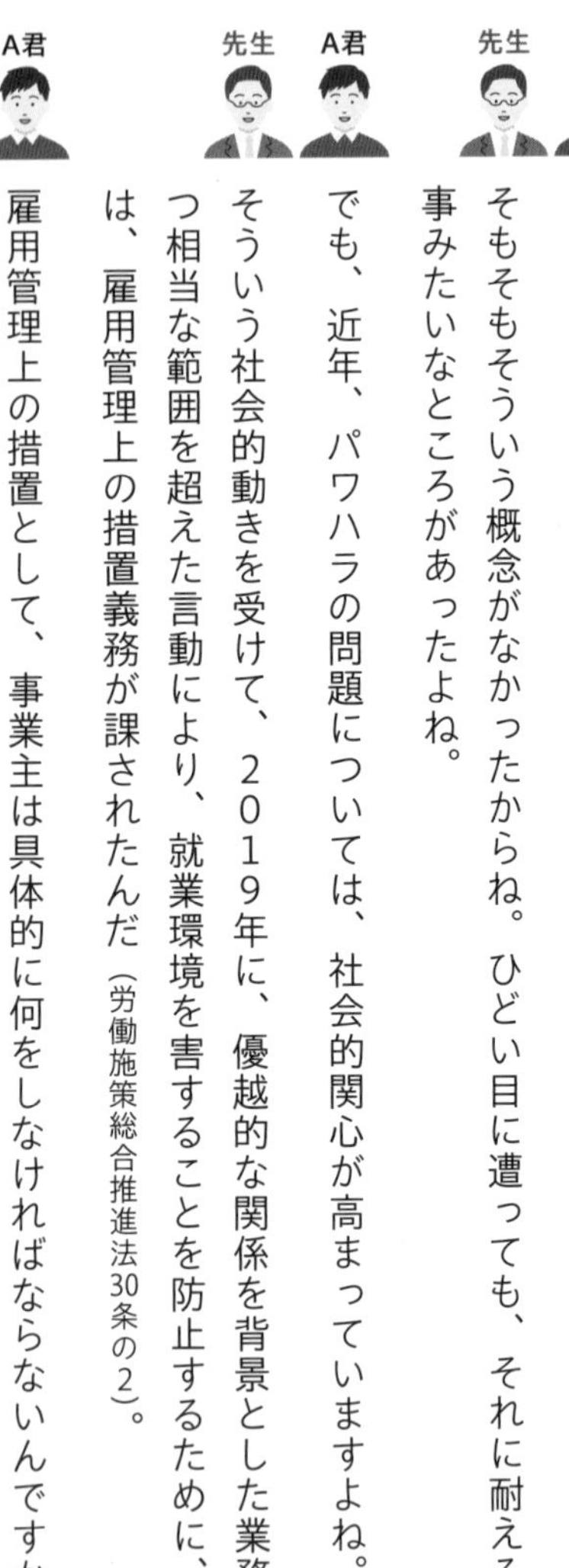

先生　最後に、**パワー・ハラスメント**について触れておこう。**パワハラ**といわれたりするよね。

A君　よくおじさん達は言いますよね。昔は、パワハラが当たり前だったって。

先生　そもそもそういう概念がなかったからね。ひどい目に遭っても、それに耐えるのが、仕事みたいなところがあったよね。

A君　でも、近年、パワハラの問題については、社会的関心が高まっていますよね。

先生　そういう社会的動きを受けて、２０１９年に、優越的な関係を背景とした業務上必要かつ相当な範囲を超えた言動により、就業環境を害することを防止するために、事業主には、雇用管理上の措置義務が課されたんだ（労働施策総合推進法30条の2）。

A君　雇用管理上の措置として、事業主は具体的に何をしなければならないんですか？

先生

事業主は、パワハラ防止の社内方針を明らかにして、周知・啓発を行い、苦情などに対する相談体制を整備して、被害を受けた労働者へのケアや再発防止などを行わなければならないとされている。

A君

でも、部下にちゃんとした仕事をしてもらうために、上司や先輩が部下を叱責するって、業務上必要な指導でもあるじゃないですか。セクハラとか、マタハラっていうのは、どういう行為がそれに当たるのか、わりとわかりやすいですが、パワハラの場合、どこからがパワハラになるかって、わかりにくくないですか？　具体的にどういう行為がパワハラとされるんですか？

先生

厚生労働省は、**6つの典型的な行為類型**を示している。①身体的な攻撃（暴行・傷害）、②精神的な攻撃（脅迫・名誉毀損・侮辱・ひどい暴言）、③人間関係からの切り離し（隔離・仲間外れ・無視）、④過大な要求（業務上明らかに不要なことや遂行不可能なことの強制、仕事の妨害）、⑤過少な要求（業務上の合理性がなく、能力や経験とかけ離れた程度の低い仕事を命じられることや仕事を与えないこと）、⑥個の侵害（私的なことに過度に立ち入ること）だ。

A君

なんだか、①～③は、明らかにいじめのような感じですよね。でも、④～⑥は、取り方によっては、パワハラに当たったり当たらなかったりするような気がしますが。

先生

④〜⑥に関しては、業種や企業文化の影響を受け、また、行為の状況や継続的か否かによっても影響を受けるので、各企業、職場での認識をそろえ、その範囲を明確にすることが望ましいとされている。

A君

どの範囲なら許されるか、職場内で、あらかじめ明確にしておくことが必要ですね。

裁判所の判断

A君

ところで、これまで、パワハラで、訴訟になったりしているんですか？

先生

パワハラについては結構争われている。最近の裁判例の中で一つ紹介すると、パワハラが相当長期にわたり執拗に繰り返され、長時間労働も伴い、労働者が自殺したという事例で、「死んでしまえばいい」、「辞めればいい」などの上司の発言は、労働者の仕事上の不手際などに対する叱責にとどまらず、労働者の人格や能力、存在を否定し、相当な期間にわたって複数回発せられたものであることを考慮すれば、社会通念上許容される業務上の注意指導の範囲を超える精神的攻撃に当たるとして、上司には不法行為（民法709条）（↓P211）により、会社には使用者責任（民法715条）（↓P250）により、損害賠償の支払いが命じられ、合計で7000万円を超える支払い（一部労災保険給付と損益相殺）が、上司と会社に課された事件がある（暁産業事件・名古屋高裁金沢支部平成27年9月16日）。

A君　へえ〜多額の賠償金が認められたりするんですね。気を付けないと、結構痛い目に遭いますね。結局のとこ、パワハラに当たるか当たらないかの線引きっていったい何なんでしょうね？

先生　そうだね。パワハラと認定されなかった事例を挙げると、不正経理やそれに伴う虚偽報告に対する上司の厳しい叱責の違法性が否定された事件（前田道路事件・高松高裁平成21年4月23日）や、単純なミスを繰り返す職員に対してなされた上司の厳しい指摘・指導につき、医療現場において当然になすべき業務上の指示の範囲内にとどまるとした事件（医療法人財団健和会事件・東京地裁平成21年10月15日）などがある。これらの事例から読み取れることは、まず、労働者が叱責に値する行為をしていること、そして、多少声を荒げたりすることがあったとしても、その労働者の行為を正すための範囲内での叱責にとどめるべきだということなんじゃないかな。相手の人格の否定に結びつくような余計なことは決して言わないこと、ましてや侮辱的な言葉を投げつけるなんてことは、厳に慎むべきことだよね。まあ、怒れば感情的になるのが人間だから、難しいとは思うけどね。やはり、相手を人としてリスペクトする気持ちをもつことが大事なんじゃないかと思う。

なるほど。いくら頭にきたからって、部下の人格を傷つけたり侮辱したりしてはダメだということですね。どんなに腹が立ったとしても、冷静にならなきゃいけませんね。

第13章

働くことを辞めるとき、辞めさせるとき

労働契約の終了事由ってどんなものがあるの？

先生

ここでは、労働契約が終了する事由について、どんなものがあるか、簡単に触れることにしよう。労働契約が終了する事由としては、大きくいって3つのタイプがある。第1に、使用者の一方的な意思表示によって労働契約を解約する「**解雇**」。第2に、労働者の一方的な意思によって労働契約を解約する「**辞職**」、第3に、当事者のいずれかから申し入れがなされ、相手方がこれを承諾することで、労働契約を解約する「**合意解約**」だ。そのほか、期間の定めのある労働契約を期間満了により終了させる「**雇止**（やといど）**め**」がある。これは、有期労働契約者に対して、企業が労働契約の更新を拒否し、契約期間満了時に雇用が終了することを指すものだ。あと、**傷病休職期間満了による終了**、これは、休職（↓P164～）のところで、取り上げたよね。このほか、**定年**があるし、当事者の消滅、これは、労働者の死亡や会社の法人格が消滅したような場合だが、そういったものもある。

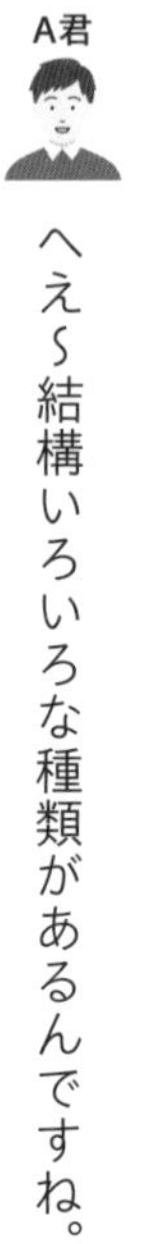

A君

へえ～結構いろいろな種類があるんですね。解雇と辞職くらいしか思い浮かびませんで

した。

労働契約の終了ということは、労働者は今まで得ていた生活の糧を失うということで、労働者の生活に大きく影響する事柄だからねえ、だから、さまざまな形で、法的規制がかけられているということができる。

解雇―民法の原則（解雇の自由）と法令上の規制

解雇の自由

先生　それでは、中でも労働者の生活に最も大きな影響を与えることになる「**解雇**」から取り上げることにしよう。民法は、使用者が自由に労働者を解雇する権利を規定している。前にも触れたけど、期間の定めのない労働契約の場合、つまり、正社員の場合、「いつでも解約の申し入れをすることができる」としているし（民法627条1項）、期間の定めがない場合に限らず、期間の定めがある場合であっても「**やむを得ない事由**」があるときは、「直ちに契約の解除をすることができる」（同法628条）。つまり、これは、今回触れることになる解雇予告期間を置くことなしに、**即時解雇**することができるということになるわけだが、このような原則は、民法が、契約当事者が対等であり、契約当事者の自由が尊重されるべきであるということを前提としているからだといえる。

A君　やっぱり、基本は、辞める自由、辞めさせる自由があることに変わりはないんですね。

先生　奴隷じゃないからね。辞めたり辞めさせたりする自由自体は、あることが前提になるよね。だから、現在においても、民法のこの原則が、使用者の解雇権の根拠規定であることに変わりはないということだ。だが、解雇というのは、労働者に大きな打撃を与える事柄だよね。だから、労働法は、そういった労働者の不利益に着目して、労基法で、解雇予告制度などを定めて解雇規制をするだけでなく、判例法理によって使用者の解雇権を制限するなどの法制度を形成してきたといえる。

A君

前に、法律が解雇自由なのに、判例法理により、解雇に厳しい要件が課され、実際に終身雇用制が維持されてきたというようなお話がありましたよね。

先生

よく覚えてたね。そう、判例による解雇権濫用法理により、法律上は自由のはずの使用者の解雇権が制限されてきたんだ（日本食塩製造事件・最高裁第2小法廷昭和50年4月25日）。その後、この解雇権濫用法理は、そのまま立法化されるに至り、現在、労契法16条が「解雇は、客観的に合理的な理由を欠き、社会通念上相当であると認められない場合は、その権利を濫用したものとして、無効とする」と規定している。

法律において、解雇自由への一般的規制が定められたということですね。

そういうことだ。法律ではっきりと規制がかけられたという意義は大きいよね。では、その解雇権濫用法理を説明する前に、先ほど少し触れた、法令上の解雇規制について、まずみていくことにしよう。

解雇予告

先生

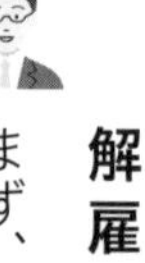

まず、民法627条1項は、使用者と労働者、両当事者に関し、解約の申し入れから、2週間後に労働契約は終了するとしているが、この期間は労働者保護の観点から労基法で修正されている。

A君

それも前に、特別法と一般法の関係のところでやりましたよね。労働者保護の観点から、使用者サイドのみ修正されたたって。

先生

そう。使用者は、**30日前に予告**するか、**30日分以上の平均賃金**を支払わなくてはならないことになっている（労基法20条1項）。この予告日数は、1日分の平均賃金を支払った日数だけ短縮することができる。ただ、天災事変その他やむを得ない事由のために事業の継続が不可能になった場合や先ほど述べたように、労働者の責に帰すべき事由に基づいて解雇する場合には、労働基準監督署長の認定が必要になるけど、即時解雇することも可能だ（同条1項但書・3項）。

一定期間における解雇の禁止

先生

それと、一定の期間の解雇自体が禁止されている。使用者は、労働者が業務上の負傷・疾病の療養のため休業する期間及びその後30日間（労基法19条1項）、産前産後休業期間及びその後30日間（65条）、その労働者を解雇することができないんだ。

A君

どちらの場合においても、クビにされちゃったら、再就職が難しい時期ですもんね。

先生

一定事由による解雇の禁止

また、一定の事由による解雇も禁止されている。まず、差別禁止事由を理由とする解雇だ。国籍・信条・社会的身分（労基法３条）、労働組合員（労組法7条）、性別（均等法６条４号）、婚姻・妊娠・出産（同法９条）などがある。次に、法律上の権利行使を理由とする解雇も禁止されている。労働基準監督署への通報（労基法１０４条2項）、育児・介護休業等の申出、取得（育児介護休業法10条・16条など）、労働者派遣法違反の事実の申告（労働者派遣法49条の３第2項）、公益通報（公益通報者保護法３条）などがある。もっとたくさんあるんだが、ここではこのくらいにとどめておこう。

legal knowledge

解雇―解雇権濫用法理で解雇が無効になるのはどんな場合？

先生　先ほど述べたように、使用者には、解雇権があって、労働者をいつでも解雇することはできるんだが、労契法16条が「解雇は、**客観的に合理的な理由**を欠き、**社会通念上相当**であると認められない場合は、その権利を濫用したものとして、無効とする」と規定していて、使用者の解雇が権利濫用と判断されると、解雇が無効とされてしまうんだ。

A君　「客観的に合理的な理由」とか「社会通念上相当」とかいっても、わかりづらいんですけど、具体的に、何をどう判断するんですか？

先生　多くの裁判例では、第一のチェックポイントである「**客観的合理的理由**」については、労働者の行為が**就業規則の解雇事由に該当するか**どうか、第二のチェックポイントである「**社会的相当性**」については、その行為に対して**解雇をもって臨むことが相当**か、**過酷過ぎないか**という観点で判断されている。

A君　第一のチェックポイントは、就業規則の解雇事由該当性ということですね。じゃあ、解

解雇事由としては、どんな事由が挙げられているんですか？

まず、**解雇事由**についてだが、おもに、次のものが挙げられる。**労働者側の事由**としては、①労働能力の低下、②勤務成績不良や適格性の欠如、③労働義務違反や職場規律違反が挙げられる。そして、**使用者側の事由**としては、経営上の必要性が挙げられる。この事由による解雇は、整理解雇と呼ばれるものだ。これについては、別途取り上げることにしたいので、ここでは、労働者の側の事由の方を取り上げることにする。まず、①の**労働能力の低下**については、労働者が傷病などにより労働能力を喪失してしまった場合などが挙げられる。でも、これが解雇事由として肯定されるためには、配転や休職を検討するなど、解雇を回避する努力がされてないとダメなんだ。②の**勤務成績不良**や**適格性の欠如**についてだが、この場合も、勤務成績不良や適格性の欠如などが、労働契約の継続を期待することができないほどに重大なものか、研修などの教育措置をとることにより改善を試みることはできないか、努力する機会や反省の機会が与えられたのに改善されなかったか、今後の指導による改善可能性の見込みはないのかなどを総合考慮して、解雇事由に該当するかが判断されることになる。

労働能力が低下したとか、勤務成績が不良だというだけで、即解雇事由とすることはできないってことですね。使用者は、いろいろ改善を試みないといけないってことですね。

先生

そういうことだ。だけど、外資系の転職市場などでのいわゆるジョブ型の雇用において、職務内容が特定されていて、専門的な能力が前提とされるような雇用形態で雇われていて、能力不足が判明したような場合の解雇の合理性はもっと認められやすいといえる。

A君

ああ、よくありますよね。ヘッドハンティングなんかで、高い能力の人をその能力を買って、高い給料で、高いポストで雇ったような場合。能力を期待して雇ったんだから、期待外れだったら、クビになってもしょうがないですよね。普通の場合とは違うわけで。

先生

まあ、そういうことだね。次に、③の**労働義務違反**や**職場規律違反**についてだが、労働義務違反としては、職務懈怠、懈怠とは、怠（なま）けること、怠（おこた）ることをいう。これには、遅刻・早退・無断欠勤や勤務態度不良なんていうものもある。そして、職場規律（企業秩序）に違反する行為は、前に触れた懲戒事由とほぼ同じであり、懲戒処分がなされる代わりに、普通解雇がなされる場合もある。職場規律違反を理由とする解雇を有効とした例はたくさんある。また、懲戒解雇に該当する場合でも、本人の再就職など将来を考慮して、懲戒解雇ではなく、普通解雇で臨むこともよくある。

A君

次に、社会的相当性、つまり、解雇をもって臨むことが相当か、過酷過ぎないかという第二のチェックポイントですが、これは何を判断するんですか？

先生

具体的には、解雇事由に該当するとされた行為の内容・程度・性質・動機、業務に及ぼした影響、本人の態度、例えば、謝意を表明しているとか、これまでの状況、つまり、平素の勤務成績や他の従業員の状況などが考慮され、解雇で臨むのが相当かどうか、過酷過ぎないかという観点から審査がなされることになる。

整理解雇―リストラはどんなときできるの？

先生：ここでは、先ほど述べた解雇事由のうち、使用者側の事由である「**経営上の必要性に基づく解雇**」ついて取り上げることにしよう。これは、使用者側の一方的都合で行われるので、**整理解雇**と呼ばれ、他の解雇と区別される。いわゆるリストラとしての解雇だよね。

A君：労働者側には何の落ち度もないのに、会社の都合で解雇されてしまうという場合ですよね。ちょっとひどい気がしちゃいますけど、どうしても労働者を雇い切れず、リストラせざるを得ない局面というのがあって、仕方ないということになるんでしょうかね。

先生：そうだね。だから、整理解雇の有効性を判断するためには**4つのチェックポイント**があって、それぞれが厳格に審査され、総合的に判断されることになるんだ。

A君：なるほど。ほかの解雇とはまったく違った特別の判断枠組みが用いられるんですね。ところで、その4つのチェックポイントというのは、どういうものですか？

先生
①人員削減の必要性、②解雇回避努力、③被解雇者選定の合理性、④労働組合・労働者との協議・説明だ。①の**人員削減の必要性**だが、かつては、企業が倒産必至の状況になければいけないというような基準を用いた裁判例もあったが、近年では、高度の経営危機下にあること、あるいは、さらに緩く企業の合理的運営上やむを得ない必要性があることで足りるとするものもある。裁判所は、これについて、経営者の裁量を尊重し、経営実態に立ち入った審査を控える傾向にある。

A君
確かに、裁判官は、法律のプロですけど、経営のプロじゃないですもんね。基本的には、経営者の裁量を尊重するのはわかります。

先生
そうだよね。だけど、経営難という理由を挙げているのに、明らかに財政状況に問題がない場合や、人員削減の必要性として挙げる理由に矛盾した行動をとっているような場合には、必要性が否定されている。

A君
まあ、必要性を主張するには、状況を説明するための資料の提示は不可欠でしょうから、その点で、必要性が否定される可能性はあるということですね。そもそも必要性がなければ、リストラそれ自体成り立たない感じがしますね。そこは特に重要ですね。じゃあ次に、②の**解雇回避努力**って、使用者は、どんなことをしなければならないんですか？

先生 使用者には、解雇の前に、残業規制、新規採用の停止、役員報酬のカット、昇給・賞与の停止、希望退職の募集、一時帰休、配転・出向など真摯な解雇回避努力が求められる。

A君 え？　それ全部やらなきゃならないんですか？

先生 それらの措置をすべて講じなければならないわけではないんだ。そこは、事案によって、柔軟に判断されることになる。ただ、中でも希望退職の募集は、解雇回避努力の評価において重要な意味をもつことが多い（あさひ保育園事件・最高裁第１小法廷昭和58年10月27日）。

A君 辞めてもいいという人を優先した方がいいですもんね。

先生 うん。それに、希望退職の場合、通常より優遇された退職金などの条件を合意して退職することになるからね。また、最近では、解雇回避努力でなく、就職斡旋会社のサービスを受けるための金銭的援助を再就職先が決まるまでの間無期限で行うことを約束するなど、雇用契約終了後の労働者の生活に対する配慮を評価する裁判例もみられる（ナショナル・ウエストミンスター銀行（３次仮処分）事件・東京地裁平成12年１月21日）。

A君 再就職のあっせんとか支援の措置は、これから、重要視されそうですね。

先生 今後はそういう傾向になっていく可能性もあるだろうね。次に、③の**被解雇者選定の合**

理性について。被解雇者選定の合理性は、一般的には、労働者の職務能力、解雇が労働者の生活に与える打撃の程度、労働者間の衡平などを考慮しつつ、勤務成績、勤怠記録、勤続年数、年齢、職種などを基準に判断される。差別に結びつくような基準、例えば、旦那さんが働いているから、打撃が少ないだろうということで、「共働きの女性」なんていうのは、均等法違反になる。「単身者」っていうのも、昔は合理性を認めた裁判例もあったけど、批判が多いところではある。

A君　今だったらどうですかねえ。その人のライフスタイルは尊重されるべきですよね。

先生　そうだよね。おそらく、違った判断になるんじゃないかね。また、使用者の恣意的選択を許すような基準や、評価基準があいまいで、評価者の主観に左右されるようなものなどは、合理性が否定される。そして、言うまでもないことだが、基準自体に合理性が認められればそれで良いというわけではなく、実際の基準の運用も正当なものでなくてはならない。

A君　確かに、そこがいいかげんじゃや、リストラの対象にされた人は、納得できませんもんね。

先生　そうだよね。特に、人選については、そこに入るかどうかが明暗を分けるからね。客観的に正当なもので、誰もが納得のいくものでなければダメだよね。そして、最後に④の

労働組合・労働者との協議・説明がなされていないといけない。つまり、整理解雇が労働者には何の落ち度もない解雇であるため、使用者には労働者の納得が得られるような十分な協議・説明を行うことが求められるということだ。最近の裁判例では、労働組合・労働者との協議・説明が十分なされているかどうかが特に重視されているといえる。

legal knowledge

解雇が無効とされたらどうなるの？——労働契約関係の継続など

従業員としての地位確認・未払い賃金の支払い

先生　解雇の訴訟においては、一般的に、解雇を無効であるとして、**従業員としての地位確認**を求める訴訟を提起することになる。解雇が無効とされると、雇用は継続していることになり、従業員の地位に戻ることになる。それと、労働者は**未払い賃金の支払い**請求もできるんだ。

A君　何で未払いの賃金があることになるんですか？　労働者は、解雇後働いていないのに。

先生　前に、「賃金」の「休業手当」（↓P72〜）のところでやったことを思い出して欲しい。え〜と、ここに六法があるから、民法536条2項の条文を見てごらん。

A君　ああ、これですね。確かに、これやりましたね。債権者、つまり、使用者の責めに帰すべき事由によって、債務を履行できなくなった、つまり、就労できなかった場合、反対給付、つまり、賃金を100％受け取ることができるってやつですね。

先生
そうそう。使用者の責めに帰すべき事由、つまり、使用者のした違法解雇のせいで、労働者は、就労できなかったんだから、労働者は、解雇期間中の賃金を受け取ることができるということになるよね。

A君
なるほど、賃金については、わかりました。でも、訴訟で、従業員としての地位確認請求をして、訴訟に勝つと、元の従業員に戻って、また会社で働くことができるってわけですよねえ。アメリカとかと違って、一度訴訟になった間柄で、「会社で今まで通り働きます」、「はい、どうぞ」とはなりにくくないですか？

先生
まあ実際には、使用者が解決金を支払うことを条件に、労使が労働契約を合意解約することが多いんだ。

A君
結局、お金で解決ってことになるってことですね。

先生
違法解雇については、金銭賠償で解決した方がいいという意見もある。そうすれば、会社に戻ることを前提とした今のルールより、解雇無効のハードルも下がるし、解雇紛争の実態に適合的な解決ができるんじゃないかといわれたりしている。でも、そうなると、お金さえ支払えば、簡単に解雇できることになるという懸念から、労働者側からの反対があって、なかなか実現しないみたいなんだ。現在、厚生労働省の検討会で、検討が続

いているようだけどね。

まあ、労働者側の懸念もわかりますけどね。

違法解雇に基づく損害賠償請求

ところで、使用者がした違法な解雇に対して損害賠償請求ってできるんですか？

解雇権濫用に当たる**違法な解雇**が**不法行為**（↓P211）にあたるとして、**慰謝料請求**することも可能だ。でも、解雇が無効とされた場合、違法な解雇であっても、未払い賃金の支払いが認められたことで慰謝されないほどの精神的損害は発生していないと判断されがちなんだ。解雇期間中の賃金が支払われることでは償えないような、何かひどい嫌がらせを受けたとか、よほどの精神的苦痛が生じたと認められない限り、慰謝料請求は認められない傾向にある。

解雇期間中の「中間収入」の償還・控除

解雇が無効になった場合、さっき言ったように、解雇期間中の未払い賃金を受け取ることができるんだけど、**解雇期間中**に労働者がアルバイトとかして**収入を得ていた場合**、

民法536条2項のいう「自己の債務を免れたことによって」得た利益とされて、その分を**使用者に償還**しなければならないとされるんだ。これが、中間収入の償還・控除だ。

A君　はあ？　償還とか控除とか、なんかよくわからないんですけど。

先生　つまり、解雇期間中労働者が別のところでアルバイトなどをして働いて賃金を得たら、そこで稼いだ分について、使用者は、未払い賃金として支払わなくていいということになるんだ。

A君　え？　ちょっと変じゃないですか？　解雇されたんで、本人が何とか仕事みつけて一生懸命働いていたら、違法解雇をした使用者は、一部かあるいは全部支払わなくて済んじゃうのに、本人にお金があって、働かないで家で寝ていたら、使用者は全額支払わなければならないっていうのは。

先生　まあ、そういうことになるよね。そこで、最高裁は、民法のこのルールを修正したんだ。休業手当（労基法26条）が、被解雇者の解雇期間について平均賃金の6割以上保障していることを考慮して、解雇期間中の賃金のうち平均賃金の6割までの部分についてはこの「中間収入」として控除の対象とすることはできないとしているんだ（米軍山田部隊事件・最高裁第2小法廷昭和37年7月20日）。つまり、控除の対象とできるのは、労働者の平均賃金額の４割までということになるわけだ。

なんか難しくてよくわからないんですけど。

例えば、労働者のその会社での平均賃金が１月あたり20万円だったとする。そうすると20万円の６割、この場合、12万円になるよね。この12万円は控除の対象にしてはいけないということになるんだ。つまり、控除できる金額は、20万円の４割の８万円までで、使用者が労働者に支払わずに済ますことができる金額は、８万円までということになるわけだ。例えば、この労働者がアルバイトで、ある月10万円稼いだとしたら、20万円引く10万円で、使用者が支払うのは10万円でよさそうだけど、今言ったように、払わなくてすませる金額は、４割の８万円までだから、使用者は、12万円を未払賃金として支払わなければいけないことになる。その労働者が、次の月に稼いだ賃金が６万円だったらどうなるか？この場合、４割の８万円に満たないので、そのまま差し引くことができ、20万円引く６万円で、使用者は14万円を未払賃金として支払うことになる。まあ、こんな具合だ。

つまり、使用者は、労働者がその間どんなに稼いだとしても、平均賃金の６割である最低12万円は絶対支払わなければならないということですね。そして、労働者の稼ぎが、平均賃金の４割に満たない場合には、平均賃金からその金額を差し引いた金額を未払賃

金として支払うってことになるわけですね。なんかすごく複雑ですが、とりあえず、民法をストレートに適用するより、労働者保護にはなっているってことですね。

先生

うん。ついでにさらに、ややこしいことを付け加えるが、賞与などの一時金については、労働者が働いて得た賃金の全額を対象として控除することができることになるんだ（あけぼのタクシー事件・最高裁第1小法廷昭和62年4月2日）。つまり、賞与が未払いだとして、使用者が、それを支払わなければならない場合、未払い賃金から控除し損なった金額を控除することができるということになる。つまり、さっきの例でいうと、労働者が稼いだ10万円のうち8万円しか控除されていないから、あと、2万円が控除されずに残った金額ってことになるよね。このように控除されずに残った金額があった場合、この金額を支払わなければならない未払賞与額から差し引くことができ、使用者は差し引いた後の金額を未払賞与として支払えばいいということになる。

A君

まあ、なんとなくわかったような気もしますが、いざそのような場面に出くわしたら、改めて学習することにします。

先生

そうだね。ルール自体は難しくないから、もしその状況になったら、その時点で、当てはめてみれば済むことだからね。

legal knowledge

期間の定めのある労働契約の終了――途中解約・雇止め

期間途中での解雇

先生　期間の定めのある契約の**期間途中での解約**については、期間満了を待てないほどの「**やむを得ない事由**」が必要であるとされる（民法628条・労契法17条1項）。ここでいう「やむを得ない事由」については、労契法16条の通常の解雇の場合よりも厳しく判断されることになる（学校法人東奥義塾事件・仙台高裁秋田支部平成24年1月25日）。当たり前だよね。契約期間の定めは本来守られなければならないものだからね。期間の満了を待つことができないほどの重大な理由があることが必要となるわけだ。

A君　約束した期間途中で解約するには、それ相応の理由が必要だってことですね。

先生　そういうことだね。

雇止め

先生　では次は、雇止めの法理についてだ。

A君　「やといどめ」って、前にも聞きましたけど、なんか耳慣れないんですけど。

先生　**雇止め**っていうのは、要するに、「次の契約更新はないよ」っていう話。つまり、**契約更新拒否**のことだ。

A君　でも、期間の定めのある契約は、その期間の満了で当然に終了するもんじゃないんですか？　そのために期間が定められているような気がしますけど。

無期契約と実質的に変わらない場合

先生　最高裁は、東芝柳町工場事件（最高裁第1小法廷昭和49年7月22日）で、有期雇用労働者が正社員と同様の業務を行い、有期雇用契約の更新手続をしないまま長期にわたって反復更新されていて、今まで雇止めになった例がなかったような場合、「あたかも**期間の定めのない契約**と実質的に**異ならない状態**で存在していた」といえ、雇止めの意思表示は実質において解雇の意思表示にあたるとして、期間の定めのない契約において適用される

解雇権濫用法理が期間の定めのある契約にも**類推適用**されるとしたんだ。

A君

へえ〜、そうなんですか。まあ、有期雇用労働者も正社員も同じ仕事をしていて、契約更新もちゃんと行われていなくて、長期にわたって働いていて、両者の区別がつかなくなっているような場合、ありますもんね。そういう場合であれば、正社員の解雇と同じような扱いになるのも頷けますね。

契約更新に合理的期待がある場合

先生

でも、そういう場合ばかりではないんだ。最高裁は、日立メディコ事件（最高裁第1小法廷昭和61年12月4日）で、有期雇用労働者が正社員よりも簡易な業務を行っていて、更新回数も少なくて、更新の度にちゃんと更新手続がなされているような場合でも、契約の更新状況や採用時の使用者の言動、職務内容、他の労働者の契約更新状況などを総合的に勘案して、労働者の**雇用継続の期待に合理的理由がある**と認められる場合には、**解雇権濫用法理**が**類推適用**されるとしているんだ。

A君

え？　雇用継続に対する期待でいいんですか？　さっきの正社員と実質的に変わらない状態っていうのに比べてすごく緩い感じがしますが。

先生 もっとも、この事件で最高裁は、雇止めの効力を判断すべき基準は、いわゆる終身雇用の期待の下に期間の定めのない労働契約を締結している正社員を解雇する場合とは合理的な差異があって、人員削減をする必要がある場合、正社員の希望退職の募集に先立ち雇止めが行われてもやむを得ないとして、結局、雇止めを有効と判断したんだ。

A君 な〜んだ。結局、雇止めしてOKってことになったんですか。なんだか、正社員を守るために、有期雇用労働者を辞めさせるのは仕方ないって感じがしますけど。

先生 まあそういうふうに受け取れるよね。でも、有期労働契約は、期間満了時に簡単に終了できるわけではなく、解雇に相当する理由が必要ということのもつ意味は大きいといえる。そして、このように最高裁が形成してきた雇止めの法理は、現在、**労契法19条に立法化**されている。次の①、②のいずれかに該当する場合に、使用者が雇止めにすることが、「客観的に合理的な理由を欠き、社会通念上相当であると認められないとき」は、雇止めが無効になるとするものだ。まず、①過去に反復更新された有期労働契約で、その雇止めが無期労働契約の解雇と社会通念上同視できると認められる場合だ（同条1号）。

A君 ああ、それは、最初の東芝柳町工場事件の方のやつですね。

先生 そうだね。そして、②労働者において、有期労働契約の契約期間の満了時に当該有期労働契約が更新されるものと期待することについて合理的な理由があると認められる場合だ（同条2号）。

それは、日立メディコ事件の方のやつですね。ところで、雇止めが無効とされた場合、前と同じ有期労働契約ということになるんですか？

そう。それまでの有期労働契約と同一の労働条件で、更新されることになる。ところで、更新された有期契約が一定の条件の下で無期契約に転換される可能性が出てくるんだけど（労契法18条1項）、これについての詳細は、後ほど、非正規雇用のところで、触れることにしよう。

辞職・合意解約の意思表示とは？

辞職

先生 辞職とは、**労働者の一方的な意思表示**による労働契約の解約のことをいう。期間の定めのない労働契約の場合は、当事者は2週間の予告期間を置けば「いつでも」辞職することができる（民法627条1項）。**労働者は、辞めたいときに辞められる**ということだ。

A君 そのことを知らない人が結構いますよね。辞めたいけど辞められないと思い込んで、辛いのに我慢して働き続けたりしている人。

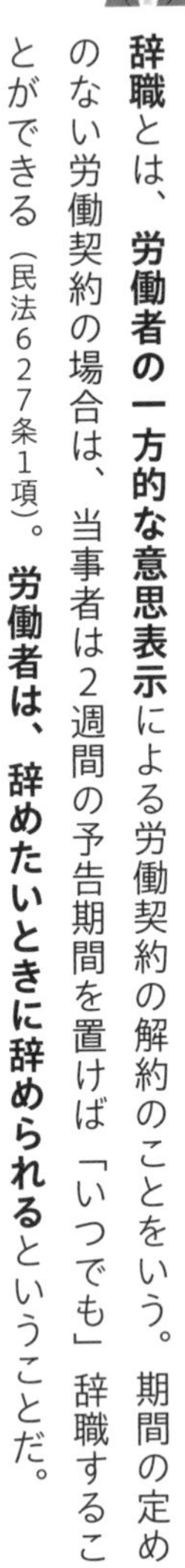

先生 労働者にこの権利があることはもっと広く認識されるべきだよね。前にも言ったけど、学生が採用内定を辞退できるのも、この規定のおかげなんだからね。もっとも、期間の定めのある労働契約の場合は、期間に拘束されるので、どうしても辞めたい場合には、「やむを得ない事由」が必要となる（民法628条）。

A君 あっ！　使用者の期間途中の解雇と同じですね。

先生

民法の規定は、対等だからね。労働契約の一回の期間は、原則3年まで認められているけど（労基法14条）、労働者の方だけは、今の民法の条文（628条）があるにもかかわらず、その労働契約の期間の初日から1年を経過した日以降において、自由に辞職することができることになっている（労基法附則137条）。会社が労働者を過度に拘束することがないように労働者に対して配慮がなされているというわけだ。

A君

でも、途中で辞めたら、労働者が損害賠償を支払うなんて契約もあったりするって聞いたことありますが。

先生

労基法16条が、「使用者は、労働契約の不履行について違約金を定め、又は損害賠償額を予定する契約をしてはならない」と規定していて…これを賠償予定の禁止というが…辞めたら損害賠償を支払うなどの契約の条項は、期間の定めのある契約であれ、期間の定めのない契約であれ、すべて違法とされ無効になるから、大丈夫。

A君

ああ、それを聞いてホッとしました。

合意解約

先生

次に、**合意解約**について。合意解約とは、**労働者と使用者が合意によって労働契約を将**

来に向けて解約することで、これについては、法令上の規制は特にないんだ。よく円満退社なんていうよね。それは、この合意解約に当たるものといえる。

退職願の撤回

先生　ところで、退職願は撤回できるかということも問題となる。

A君　ああ、いますよね。つい感情的になって、辞表叩きつけたはいいけど、家に帰って、奥さんに「明日からどうやって食べていくのよ」なんて怒られて、そこで正気に戻って、翌日、上司に「あれはなかったことに」なんて言って、謝ったりする人。

先生　長い会社生活の中では、頭にくることもあるからね。やらかしちゃうこと、あるよね。

A君　でも、さっきの辞職の定義からいうと、一方的に辞めるという意思表示がなされているわけだから、もうそれで決まりってことで、撤回なんてできないんじゃないですか？

先生　**退職願の提出**を、辞職の意思表示だと考えると、撤回できないけど、裁判所は、合意解約の申込みなのか辞職の意思表示かがはっきりしない場合には、原則的に**合意解約の申込み**と解しているんだ。だから、使用者が合意解約の承諾の意思表示をするまでは、合意解約自体がまだ成立していないわけだから、それまでだったら、撤回が可能ということになる。

A君 その使用者の承諾の意思表示って、どういうふうになされるんですか？

先生 そこが問題なんだ。最高裁は、大隈鐵工所事件（最高裁第3小法廷昭和62年9月18日）で、労働者の退職願に対する退職承認の**決定権を有する者**の受理をもって**承諾の意思表示**がなされたと解するべきだとしている。

A君 そこでいう退職承認の決定権を有する者って誰なんですか？

先生 この事件で、最高裁は、人事部長による退職願の受理は労働者の合意解約の申込みに対する使用者の承諾の意思表示となりうるとしている。これは、退職の申出に対する承認の決定権限が会社内部でどこに与えられているかにかかっているということになるよね。

A君 そういう人が受理のハンコを押す前に、急いで、退職願を取り返さなければいけないということですね。

辞職の意思表示自体を取り消せる場合

先生

そういうことになるね。そのほか、辞職の意思表示自体がなかったとして、辞職を取り消すことができる場合がある。

A君

あれ？　さっき、辞職だと取り消せないから合意解約って解するようなお話でしたが、取り消せるとなると、ちょっと矛盾しませんか？

先生

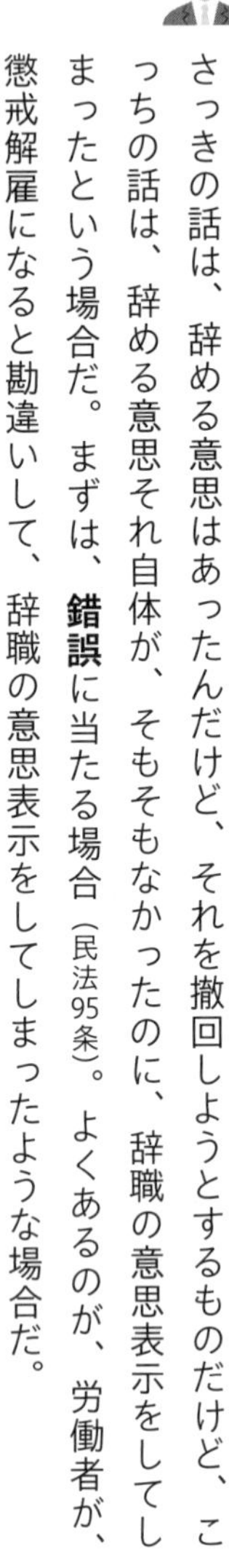
さっきの話は、辞める意思はあったんだけど、それを撤回しようとするものだけど、こっちの話は、辞める意思それ自体が、そもそもなかったのに、辞職の意思表示をしてしまったという場合だ。まずは、**錯誤**に当たる場合（民法95条）。よくあるのが、労働者が、懲戒解雇になると勘違いして、辞職の意思表示をしてしまったような場合だ。

A君

「ヤバイ！　懲戒解雇される！」って勝手に思い込んで、自分の経歴に傷がつくことや再就職のことを考えて、先手打って辞職の意思表示をしてしまった場合ですね。

先生

そういう場合が考えられるよね。あと、**詐欺**とか**強迫**と判断される場合もある（民法96条）。例えば、懲戒解雇になるわけがないのに、使用者が労働者に懲戒解雇になると思わせて、その場合の不利益を説いて退職願を提出させるとか、労働者に対して懲戒解雇になると強く迫って退職願を提出させるとかという場合だ。このような場合、労働者には、辞める意思がそもそもないわけだから、それらの意思表示を**取消すことができる**ことになる。

退職勧奨

先生 ここで、退職勧奨についても取り上げよう。これも結構よく問題になるものだからね。前にみたように、解雇に対する規制って厳しいよね。そこで、使用者が労働者に辞職の意思表示をさせようと働きかけを行うことがよくある。

A君 ああ、よく「肩たたき」なんていわれますよね。それって、問題あるんですか？

先生 労働者の任意の意思を尊重する形で行うのであれば、特に問題はない。使用者は自由に行うことができる。ただ、社会的相当性を逸脱した**半強制的・執拗な退職勧奨**は**不法行為**（↓P211）となって、使用者には**損害賠償責任**が生じる。また、さっき言ったように、辞職の意思はそもそもないわけだから、錯誤・詐欺・脅迫によって、辞職の意思表示が取消されたりすることになる。

A君 使用者が、労働者に退職を勧めたり、促したりすること自体は構わないけど、度を過ぎたやり方をしちゃあいけないということですね。

定年制についての規制とは？

先生　最後に、定年制について。定年制とは、労働者が一定の年齢に達したときに労働契約が終了する制度をいう。定年制は、年齢差別ではないかという考え方もあるが、日本の長期雇用慣行における定年制の機能を前提として一般にその合理性は肯定されている。

A君　まあ、定年で辞めていく人たちがいるから、新規の人たちが入っていけるわけですからね。必要な制度なんでしょうね。ところで、定年について規制する法律はあるんですか？

先生　**高年齢者雇用安定法**がある。ここでは、**高年法**と呼ぶことにする。この法律は、企業が定年を定める場合、原則として、60歳以上にしなければならないとしている（高年法8条）。そして、65歳未満の定年制が定められている場合、次の3つのうちのいずれかの措置を講じなければならないとされている（同法9条1項）。①65歳以上への定年年齢の引き上げ、②希望者全員を対象とする少なくとも65歳までの継続雇用制度の導入、③定年制の廃止だ。これを、高年齢者雇用確保措置という。①の定年制の延長や③の定年制の廃止では、正社員の処遇をそのままにしたまま雇用を継続することになる。

A君

それだと、高年齢者の給料とかそのままで雇い続けることになって、企業の負担が大きすぎませんか？

そうだよね。だから、この中で最も多く講じられているのは②の**65歳までの継続雇用制度**だ。この制度の場合、これまで勤めていた企業ばかりでなく、グループ企業における継続雇用でもよいとされている。この制度は、例えば定年が60歳である企業を例にすると、正社員としての契約は、60歳で終了し、改めて同じ企業あるいはグループ企業と有期労働契約を結ぶというものだ。嘱託社員になる場合が多い。嘱託社員になると、労働条件が低下するのが一般的だ。まあ、これをめぐっては紛争も少なくないんだ。同じ仕事なのに、給料が極端に減らされたり、今までのキャリアとはかけ離れた仕事をさせられたりということになると、継続雇用制度の趣旨に反すると評価されてしまう可能性がある。

A君

そう認められると、元の給料になったり元の仕事に戻れたりするんですか？

先生

いや、そうはならない。使用者に対して、損害賠償請求ができるにとどまるがね。そして、さらに、２０２０年の高年法の改正で、事業主に、70歳までさっきいった①〜③の就業機会確保措置を講ずる努力義務が課された（同法10条の2）。②の場合、業務委託契約を締結するなど、雇用でない形の就業機会確保措置でもいいとされている。まあ、今のところ、努力義務だから、強制力はないけどね。

第14章

退職および退職後

退職（解雇等を含む）時等の証明書

先生

では、退職時や退職後の問題について取り上げることにしよう。**使用者**は、労働者から**退職（解雇等を含む）時**に請求があった場合、使用期間、業務の種類、その事業における地位、賃金、そして、退職（解雇等を含む）の事由について**証明書**を、遅滞なく**交付**しなければならない（労基法22条1項）。また、解雇の場合には、そこに解雇理由が含まれることになる。解雇の場合、解雇予告期間中でも請求することができる（同条2項）。

A君

へえ～、解雇予告中に請求できるんなら、労働者は解雇理由をいち早く知って、解雇無効を争うべきか、早々に判断することができますね。もっとも、使用者が、証明書に記載された理由以外の解雇理由を、あとから追加できないことが前提になりますけどね。

先生

解雇理由を後から追加することは、原則的に許されないと考えられている。今、君がいったように、訴訟で争うかどうかを決める重要な資料だからね。後から解雇理由を追加できるとしたら、解雇理由証明書を使用者に出させる意義がなくなっちゃうからね。

A君
使用者は、解雇理由証明書の発行時点で、解雇理由を十分精査しておかないといけないということですね。

先生
そういうことになるね。それに加え、この証明書が労働者にとって不必要に不利に作用しないために、使用者は、労働者が請求した事項以外のことを記載してはならないことになっている（同条3項）。

A君
ということは、退職時の証明を、誰かに見られる可能性があるってことですか？　転職先が見せろとかいうことあるんですか？　誰も見ないんだったら、特に必要ないですもんね。

先生
この規定は、もともと、転職先が前職の証明を求めることがあったときに、前職の会社がそれに協力しないことを防止する趣旨で設けられたものなんだ。転職先の会社から前職の証明を求められた場合に、前職の使用者が、労働者が頼みもしないことを書いて、転職先あるいは希望先がこの労働者の評価を下げるようなことがないよう、労働者が請求する事項に限って記載されるという仕組みになっているというわけだ。いわゆるブラックリスト的な利用を禁止するための規定だということもできる。

A君
ああ、それだと労働者も安心ですね。変なこと書かれたら、怖いですもんね。

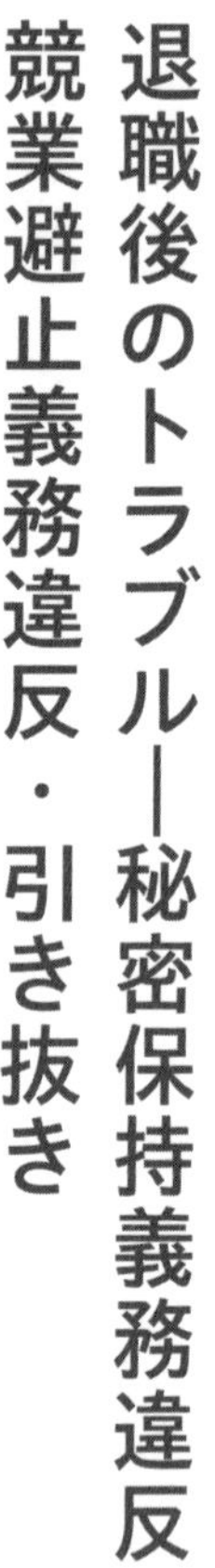

退職後のトラブル―秘密保持義務違反・競業避止義務違反・引き抜き

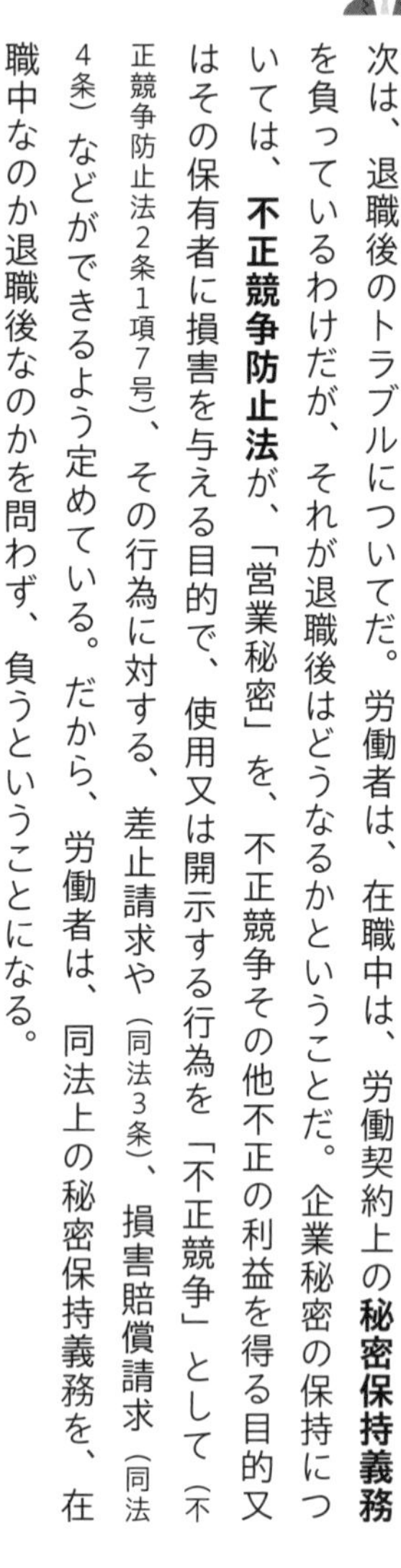

秘密保持義務違反

先生　次は、退職後のトラブルについてだ。労働者は、在職中は、労働契約上の**秘密保持義務**を負っているわけだが、それが退職後はどうなるかということだ。企業秘密の保持については、**不正競争防止法**が、「営業秘密」を、不正競争その他不正の利益を得る目的又はその保有者に損害を与える目的で、使用又は開示する行為を「不正競争」として（不正競争防止法2条1項7号）、その行為に対する、差止請求や（同法3条）、損害賠償請求（同法4条）などができるよう定めている。だから、労働者は、同法上の秘密保持義務を、在職中なのか退職後なのかを問わず、負うということになる。

A君　営業秘密っていうと、結構広くないですか？

先生　そんなことはない。同法がいう「営業秘密」とは、「秘密として管理されている生産方法、販売方法その他の事業活動に有用な技術上又は営業上の情報であって、公然と知られていないもの」（同法2条6項）とされている。

A君

ああ、なるほど。秘密扱いで管理されていて、企業にとって有用な情報であって、世間に知られていないものでないとダメってことですね。

競業避止義務違反

先生
まあそういうことになるね。では次に、競業避止義務について。企業は、企業秘密を守るために、労働者に退職後も競業避止義務を負わせることができるとされている。

A君

でも、労働者は退職しちゃっているわけですよね。労働者は、不正競争防止法上の秘密保持義務は負っているかもしれませんが、それは、あくまでも秘密をばらしちゃいけない義務で、元の会社と競合する会社で働いちゃいけない義務じゃないですよね。労働者の労働契約上の義務は労働契約とともになくなっちゃっているでしょうし、就業規則の効力だってもう及ばないですよね。何を根拠にその義務を課すことができるんですか？

先生
だから、競業避止義務を課すには、**特約**を結んでおく必要があると考えられている。そこで、その特約の内容が、労働者の利益と使用者の利益との調整を図るものか否かが問われることになるんだ。労働者には、憲法22条1項が保障する職業選択の自由があるからねえ、退職した労働者に課される競業避止義務が、労働者の職業選択の自由を不当に侵害するものであれば、それは許されない。

A君

なるほど。ただ、特約を結べばいいってわけではないんですね。どんな内容の特約なら、許されることになるんでしょうか？

先生

具体的には、使用者に正当な利益があること、禁止される競業行為の範囲、労働者の担当職務や地位、競業行為が禁止される期間・地域の範囲、代償措置などが考慮される。裁判例において競業避止義務を負わせることは適当でないとされた例としては、会社の独自のノウハウではない、会社の正当な利益の保護ではないというものや、小売店の販売員や工場の組み立て作業員に、退職後5年間の競業禁止は長すぎるとか、地域の限定がない、代償措置がないなどというものがある。なかでも、代償措置は重視されている。

A君

まあ、そうですよね。働くなっていうことですもんね、何らかの金銭的な措置は必要ですよね。ところで、競業避止義務が認められた場合、労働者にその仕事を辞めさせることはできるんですか？

先生

競業行為に対し、**差止め**が認められる場合はある。でも、裁判例は、差止めを認めるに当たっては、厳しい態度をとっている。裁判において、競業行為に対する差止め請求の仮処分が認められるのは、競業行為を放置しておくことが回復しがたい損害を与えるという場合に限られる。差止めのほか、もちろん、**損害賠償請求**をすることは可能だ。この点に関して、特約がない場合でも、秘密漏洩行為や競業行為があまりに悪質な場合、使用者の営業利益を侵害する不法行為（↓P211）として、損害賠償責任が認められたものもある。だが、最近の裁判例では、雇用の流動化を受けて、競業避止義務の有効性は厳格に判断される傾向にあるといえる。

A君
あまりに厳しいと、労働者は、キャリアを活かせないことになってしまって、結局、転職とかできないことになっちゃいますもんね。

先生
そういうことが考慮されているってことだろうね。あと、退職金の減額・不支給という措置がとられることもよくある。これは、賃金のところでやった退職金の減額・不支給（↓P76）の問題であって、競業避止特約の有効性とはまた別の問題だといえるけどね。

引き抜き

次に、引き抜きについてだ。引き抜きがすべてダメなわけではない。

それはそうですよね。引き抜かれた側にも、職業選択の自由があって、自分の意思で転職したわけですもんね。

そうだよね。基本的には、自由競争だからねえ。だから、引き抜き方法が社会的相当性を逸脱する場合に限り、**不法行為**（民法709条）（↓P211）となり、**損害賠償請求**の対象となる。

A君

具体的に、どんな場合に損害賠償請求が認められているんですか？

先生

それについては、一斉に大量の従業員を引き抜いたら会社の運営に重大な支障があることがわかっていながら、在職中から、自分の立場を利用して綿密な計画をたて引き抜き行為をした事案で、もはや適法な転職の勧誘にとどまらず、社会的相当性を逸脱した違法な引抜行為であるとして、損害賠償請求が認められた事例がある（ラクソン等事件・東京地裁平成3年2月25日）。

A君

なるほど。悪質な場合に限り、損害賠償請求が認められるわけですね。

先生

そして、こういう事件の場合の損害の算定においては、君が言うように、従業員に退職・転職の自由が認められていることが考慮され、その引抜行為があってはじめて退職したであろう従業員について生じた損害のみが算定の対象とされることになる。

第15章

非正規雇用で働く人を守るために

非正規雇用の待遇改善の強化が図られているってホント？

先生　次は、非正規雇用について。非正規雇用というのは、期間の定めのない労働契約で直接雇用されているフルタイムの正規従業員（いわゆる正社員）以外の雇用全般を指す。

A君　雇用が不安定で、正社員に比べて賃金が安いとか社会問題として捉えられていますよね。

先生　そういう状況の下、１９９３年に**パート労働法**が制定されたんだ。**パート労働者**とは、事業主単位で**所定労働時間が短い労働者**のことを指す。この１９９３年に制定された法律の規定は、すべて努力義務だったんだ。

A君　努力義務って、罰則がつかないから、法律が強制力をもたないってやつですね。

先生　まあ、最初は、そういった実効性のない法律からスタートしたというわけだ。その後、パート労働者の増加と正社員との処遇格差問題への関心が高まり、パート労働法は２００７年に改正され、本格的規制が始まり、さらに、２０１４年にも改正され、規制の強化が図られた。また、**有期雇用労働者**についても、2012年に**労契法の改正**により、前にも触れた雇止め法理（労契法19条）（↓P286）が規定され、さらに、無期雇用と有期雇用間での不合理な労働条件の格差の禁止（労契法旧20条）も規定され、有期労働契約が通算して5年を超えた有期雇用労働者に無期転換申込権も定められた（労契法18条）。

A君 ああ、雇止めの法理って、前にやりましたが、そういう経緯で定められたわけですね。今のお話で、パート労働法によってパート労働者の保護が、そして、労契法改正によって有期雇用労働者の保護がそれぞれ強化されたことがよくわかりました。

先生 そして、2018年、パートタイム労働者と有期雇用労働者を併せて保護の対象とする、パート・有期労働法が制定されたんだ。同法がいうパート労働者とは、これまでの定義と同じで、**有期雇用労働者**とは、事業主と**期間の定めのある労働契約**を締結している者をいう（パート・有期法2条）。ここでは両者を、**パート・有期労働者**と呼ぶことにしよう。

A君 なんか、保護がどんどん強化されてきているっていう感じですね。

先生 そういうことがいえるね。そして、今言った、労契法の改正で挿入された、無期雇用・有期雇用間での不合理な労働条件の格差を禁止する旧労契法20条は、パート・有期法8条に統合されて、旧労契法20条は削除されることとなったんだ。

パート・有期労働法ってどんな法律？

均等待遇―差別的取扱いの禁止

先生　まず、通常の労働者、つまり、正社員のことだが、**正社員と同視すべきパート・有期労働者**について、パート・有期労働者であることを理由として、基本給、賞与その他の待遇のそれぞれについて、**差別的取扱いをすることが禁止**されている（パート・有期法9条）。「基本給、賞与その他の待遇」とは、賃金、教育訓練、福利厚生施設、休憩、休日、休暇、安全衛生、災害補償、解雇などほぼすべての待遇をいうとされている。正社員と同視できるんだから、正社員と均等な待遇にしろということだ。

A君　どういう場合に、正社員と同視できるといえるんですか？

先生　①職務の内容（業務内容及びその業務に伴う責任の程度）、②雇用関係終了までの全期間における職務内容・配置の変更範囲（人事異動の有無や範囲）が通常の労働者と同じであれば、通常の労働者と同視すべきパート・有期労働者ということになる。

A君　①は、仕事や責任の程度が同じってことですよね。それって、結構該当者がいそうな気がしますが、②は、例えば、パート・有期労働者も、正社員と同じように転勤したりするってことですよね。これには、該当者がほとんどいないように思いますけどね。

先生　そうなんだよね。それに該当する人は極めて少ないといわれている。

A君　まあ、そうですよね。じゃあ仮に、①②を満たす人がいたとして、差別があったとされた場合、パート・有期労働者は、正社員と同じ取扱いにしてもらえるんですか？

本条の禁止に違反する差別的取扱いが、解雇、配転などであれば無効となるけど、労基法13条のような規定があればいいんだが、それはないからね、不法行為（↓P211）に基づく損害賠償の請求のみが認められるにとどまるんだ。

均衡待遇—均衡処遇の努力義務

先生　次に、**正社員と同視することはできないパート・有期労働者**には、正社員との**均衡待遇**を確保すべく、努力義務が課されている。賃金については、正社員との違いに見合った、均衡のとれた賃金決定の努力義務が課され（パート・有期法10条）、そして、教育訓練については、実施の努力義務が課されている（同法11条）。

A君 努力義務ってことは、禁止規定ではないから、あまり実効性がないってことになりますよね。

不合理な待遇格差の禁止

先生 まあ、そういうことにはなるがねえ。でも、前に、労契法旧20条の条文が、パート・有期法8条に統合されたことには触れたけど、同条が、事業主が、通常の労働者の待遇と、パート・有期労働者の待遇に「**不合理な相違**」を設けることを禁止した点は、パート・有期労働者の待遇改善にとって、大変重要な意味をもつものといえる。

A君 正社員とパート・有期労働者の待遇の違いが不合理なものであってはいけないってことですよね。不合理かどうかの判断は、どういうふうになされるんですか？

先生 基本給、賞与その他の待遇のそれぞれについて、①職務内容（業務の内容及びその業務に伴う責任の程度）、②職務の内容・配置の変更の範囲（人事異動の有無や範囲）、③その他の事情のうち、その待遇の性質及び目的に照らして適切と認められるものを考慮して、通常の労働者の待遇と比べて、不合理と認められる相違かどうかが判断される。

A君 通常の労働者の待遇といいますが、正社員といっても、仕事とかそれぞれいろいろですよね。いったいどの正社員と比べるんですか？

先生　どの正社員と比べるかは、訴えるパート・有期労働者の選択に委ねられるとされている。さっき言った職務内容とかそういったものの相違が少ない正社員との格差を主張すれば、不合理とする主張は、通りやすくなるよね。

A君　なるほど。では、具体的に、不合理性はどのように判断されているんですか？

先生　最高裁は、**無事故手当**、**作業手当**、**給食手当**、**通勤手当**、**皆勤手当**について、安全輸送による顧客信頼確保、特定作業への対価、食事費補助、通勤費補填、業務円滑化のための皆勤奨励というそれぞれの趣旨・性質に照らして、有期労働者への不支給又は低額支給は不合理だとしている（ハマキョウレックス事件・最高裁第2小法廷平成30年6月1日）。つまり、正社員だろうと非正規従業員だろうと通勤にかかる費用は同じだし、同じ作業をしているし、お腹がすいたらご飯食べるし、そういうのって一緒だろう、事故を起こさなかった人や休まず働いた人にご褒美を与えるべきなのも同じだろう、ということなんだ。そして、最高裁は、**休暇制度**についても（日本郵便（東京）事件・最高裁第1小法廷令和2年10月15日）、**夏期冬期休暇**についても（日本郵便（佐賀）事件・最高裁第1小法廷令和2年10月15日）、**不合理性を認めている。**これも同じような理由だよね。

A君 なるほど。じゃあ、どういう場合に、不合理じゃないってされるんですか？

先生 最高裁は、住宅費補助の趣旨で支給される**住宅手当**について、広域転勤が予定される正社員にのみ支給することも不合理ではないとしている（前掲・ハマキョウレックス事件）。そのほか、**賞与**に関しても、職務内容や配置の変更範囲に一定の相違があるアルバイト職員に対して、支給対象外にしても不合理ではないとしているし（大阪医科薬科大学（旧大阪医科大学）事件・最高裁第3小法廷令和2年10月13日）、**退職金**についても同じように職務内容や配置の変更範囲に一定の相違があるとして、契約社員に不支給としても**不合理ではない**としている（メトロコマース事件・最高裁第3小法廷令和2年10月13日）。

A君 不合理な相違だと認められても、正社員と同じ処遇になるわけじゃないですよね？

先生 そうなんだよね。ここにおいても、不法行為（→P211）に基づく損害賠償請求が認められるにとどまる。

A君 正社員との差額すべてが賠償金として支払われることになるんですか？

先生 正社員との差額分すべてが救済対象とされる場合が多いといえる（日本郵便（大阪）事件・大阪地裁平成30年2月21日、日本郵便（東京）事件・東京高裁平成30年12月13日など）。

事業主のさまざまな義務

先生　そして、事業主には様々な義務が課されている。給食施設、休憩室、更衣室については、すべてのパート・有期労働者に、利用機会を与えなくてはならない（同法12条）。ここは、これまで配慮義務だったのが、２０１８年の法改正で強化されたところだ。

A君　働く人全員が、給食施設、休憩室、更衣室を使えるって当たり前な気がしますけどね。

先生　それは、当然に認められるべき事柄だよね。そして、通常の労働者への転換の推進も図られている。事業主は、次のいずれかを講じなければいけないとされている。①通常の労働者の募集を行う場合、募集内容をパート・有期労働者に周知すること、②通常の労働者の配置を新たに行う場合、パート・有期労働者に応募機会を与えること、③通常の労働者への転換試験制度等の推進措置を講ずることだ（同法13条1項）。

A君　事業主には、いろいろな義務が課されているんですね。

先生　パート・有期雇用労働者の処遇を改善しようとの意気込みは感じられるよね。そして、次は、**情報提供**の観点だよね。事業主は、労基法15条の労働条件の明示義務（↓P42）のほか、昇給の有無、退職手当の有無、賞与の有無、そして、パート・有期労働者の雇用管理改善等の相談窓口について文書を交付することが義務付けられているんだ（パート・有期法6条1項・同規則2条）。この明示義務違反には、10万円以下の過料が科される（同法31条）。

また、労働契約締結時の労働条件明示義務のところでも触れたように、2024年4月からは、有期労働契約の締結と契約更新のタイミングごとに、更新上限（有期労働契約の通算契約期間または更新回数の上限）の有無と内容の明示が必要とされることになった（改正労基法施行規則5条）。併せて、最初の労働契約の締結より後に更新上限を新設・短縮する場合は、その理由を労働者にあらかじめ説明することも必要になる。

そのほか、事業主は、差別的取扱いの禁止、賃金、教育訓練、福利厚生施設、通常の労働者への転換について講ずべきとされている雇用管理上の措置の内容についても説明しなければならない（同法14条1項）。さらに、パート・有期労働者から説明を求められたときは、通常の労働者との待遇の相違の内容や理由などについて説明しなければならないんだ（同条2項）。そして、説明を求めたことに対する不利益取扱いも禁止されている（同項3項）。

パート・有期労働者の納得が少しでも得られるよう、法整備がなされてきているということですね。

legal knowledge

無期労働契約への転換はどのような場合できるの？

先生

では、ここで、無期労働契約への転換について触れておこう。有期労働契約が**反復更新**されて**通算5年**を超えたときは、労働者の申込みにより、期間の定めのない労働契約、いわゆる、**無期労働契約**に**転換**されることになる（労契法18条1項）。

A君

よく、無期転換っていわれているやつですね。どういう風に転換されるんですか？

先生

無期労働契約に転換されるのは、申込み時の有期労働契約が終了する翌日からとされる。ちょっと図表7を見て欲しい。例えば、3年の有期労働契約の場合、2回更新されて、2回目に入ったところで労働者が申込むことによって、3回目以降、無期労働契約となる。1年の有期労働契約だったら5回更新されて、6年目に入ったところで、労働者が、申込むことによって、7回目以降、無期労働契約となるということだ。

A君

ということは、正社員と同じ労働条件になるということですか？

いや、正社員と同じになるわけではない。就業規則などに特に規定がない限り、有期労働契約の労働条件がそのまま無期労働契約の労働条件となる。

なるほど。有期労働契約の更新継続は、連続していなくちゃあダメなんですか？

いや、そうではないんだ。図表8を見て欲しい。通算対象の契約期間が1年以上の有期労働契約の場合、有期労働契約の間に、同一使用者の下で働いていない**無契約期間（空白期間）**があっても、それが**6か月未満**であれば、**通算**されることになる。でも、空白期間が、6か月以上だと、通算されずその前の有期労働契約の期間は5年の通算に含まれないんだ（同条2項）。この場合の空白期間を**クーリング期間**という。

図表7

	締結	更新	更新	更新	更新	更新	転換
1年更新の例	1年	1年	1年	1年	1年	1年（申込み）	無期労働契約
	締結			更新			転換
3年更新の例	3年			3年（申込み）			無期労働契約

『無期転換ルールハンドブック～無期転換ルールの円滑な運用のために～』（厚生労働省）を基に作成

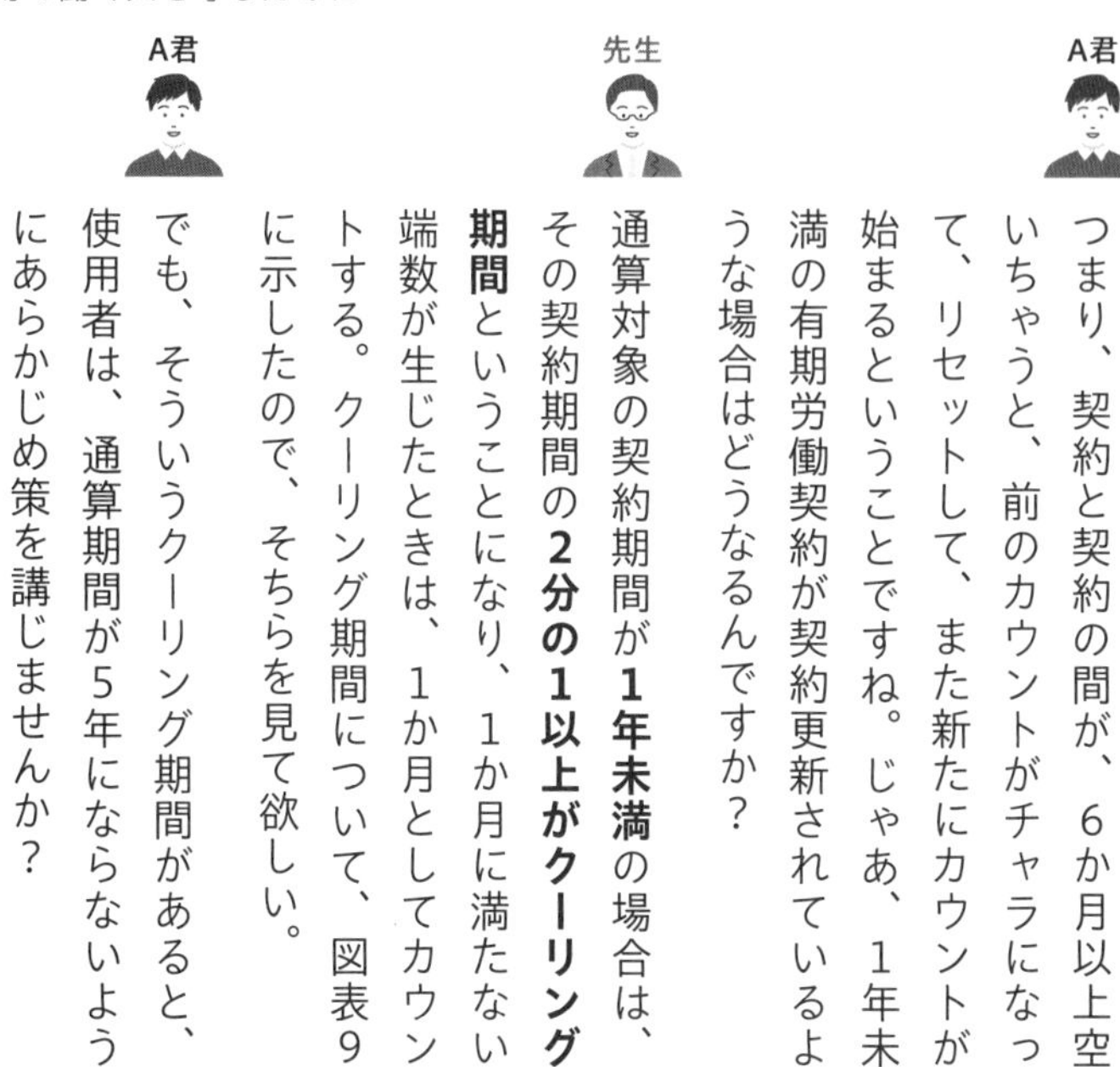

A君

つまり、契約と契約の間が、6か月以上空いちゃうと、前のカウントがチャラになって、リセットして、また新たにカウントが始まるということですね。じゃあ、1年未満の有期労働契約が契約更新されているような場合はどうなるんですか？

先生

通算対象の契約期間が**1年未満**の場合は、その契約期間の**2分の1以上がクーリング期間**ということになり、1か月に満たない端数が生じたときは、1か月としてカウントする。クーリング期間について、図表9に示したので、そちらを見て欲しい。

A君

でも、そういうクーリング期間があると、使用者は、通算期間が5年にならないようにあらかじめ策を講じませんか？

図表8

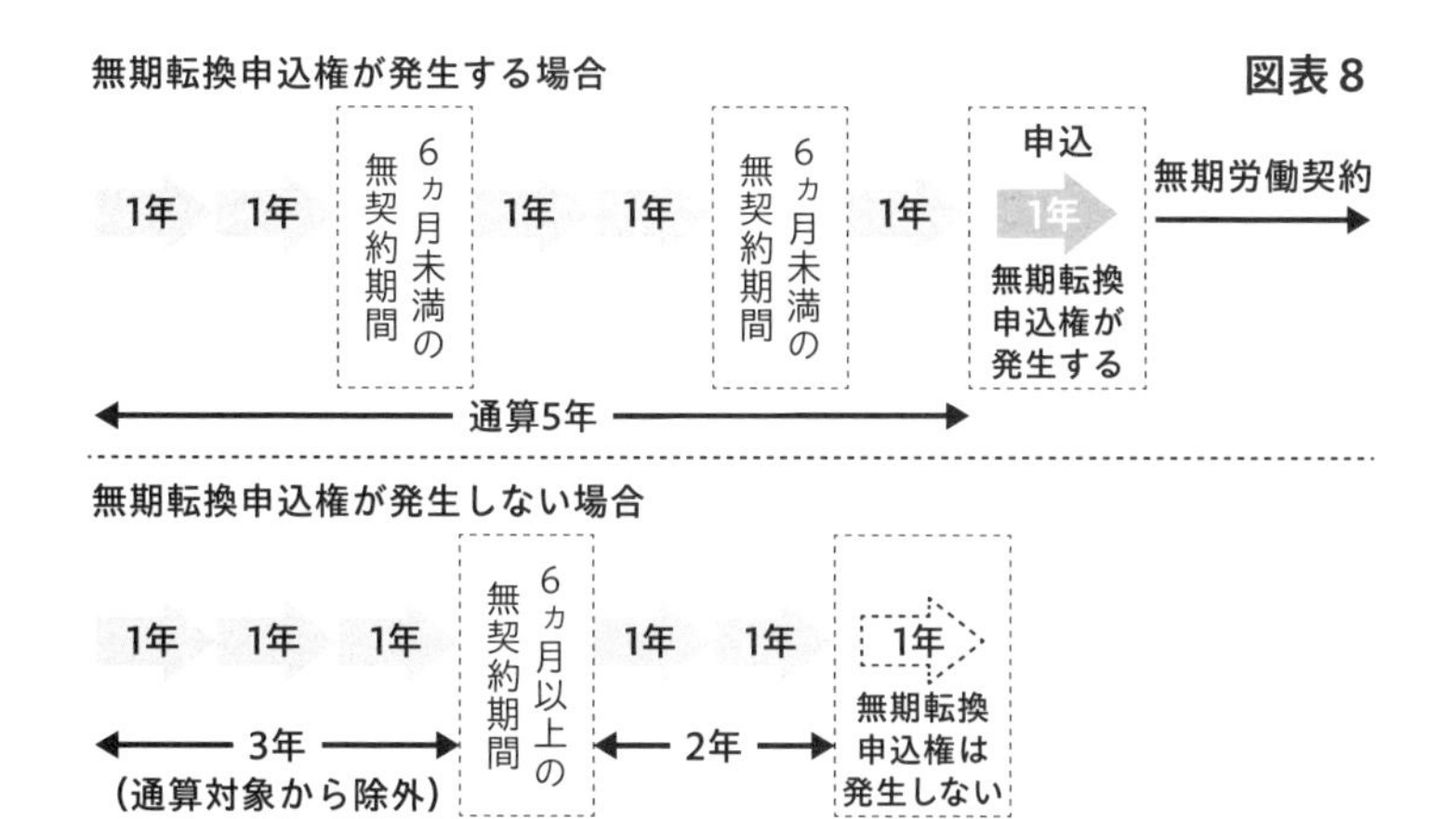

『無期転換ルールハンドブック～無期転換ルールの円滑な運用のために～』(厚生労働省)を基に作成

厚生労働省の施行通達によれば、無期転換を申し込まないことを契約更新の条件とするなど、あらかじめ労働者に無期転換申込権を放棄させることはできないとされている。そのような意思表示は無効となる。

労働者は、呑むしかないですもんね。

それと、前の項で触れたように２０２４年４月からは、契約の締結と契約更新のタイミングごとに更新上限の有無と内容の明示が義務になった。それに加え、「無期転換申込権」が発生する契約更新のタイミングごとに、無期転換を申し込むことができる旨（無期転換申込機会）の明示と、無期転換後の労働条件について明示が必要になった。

そういうこと知らない労働者もいますもんね。使用者の方から知らせるって大切なことですよね。

図表９

カウントの対象となる期間（有期労働契約の契約期間）	無契約期間（契約していない期間）
２カ月以下	１カ月以上
２カ月超～４カ月以下	２カ月以上
４カ月超～６カ月以下	３カ月以上
６カ月超～８カ月以下	４カ月以上
８カ月超～10カ月以下	５カ月以上
10カ月超～	６カ月以上

カウント対象の契約期間が１年未満の場合

『無期転換ルールハンドブック～無期転換ルールの円滑な運用のために～』（厚生労働省）を基に作成

legal knowledge

労働者派遣はどのように規制されているの？

先生　非正規雇用についての最後は、派遣労働者について取り上げることにしよう。

A君　派遣って、働く側も自分の技能を活かして、自分の都合に合わせて短期で働けるし、働かせる側も、ちょっと頼めば、必要な人材を寄越してくれる、便利な制度のように思いますが、テレビとかだと、派遣労働者って、なんか冷遇されているような、そんなイメージもありますよね。

先生　まあ、２００８年秋のリーマンショックのときには、派遣切りなんていって、真っ先に雇用調整の対象にされて、公園に年越し派遣村なんていうのが作られたりしたことがメディアでも取り上げられていたからね。

A君　そもそも労働者派遣というのはどういう形態の働き方なんですか？

先生　じゃあ、ちょっと図表10を見て欲しい。**派遣会社と派遣労働者は雇用契約関係**にある。

そして、派遣会社と派遣先との間に締結された労働者派遣契約に基づき、派遣会社が雇用する派遣労働者を派遣先に派遣するという形態になっているんだ。派遣労働者と派遣会社の雇用契約の中で、**指揮命令権**だけを取り出して、それを**派遣先**に委譲した（渡した）のが、労働者派遣ということだ（派遣法2条1号）。

A君

へえ〜、派遣労働者と派遣会社との間には雇用契約があるということなんですか。ただ、登録して、派遣先を紹介されているだけなのかなって思っていました。

先生

見た目わかりづらいよね。実際に働くのは、派遣先の会社だからね。そこが普通の労働契約とは違うところなんだ。そして、派遣会社は、派遣先から派遣料金を受け取り、その中から派遣会社のマージンを差し引き派遣労働者に賃金を支払うことになる。

A君

なるほど。派遣って、どんな業務でも利用することはできるんでしょうか？

先生

いや、労働者派遣法は、一部の業務の**派遣**を**禁止**している。**港湾運送業務**、**警備業務**、**建設業務**、その他、政令で定められている**医療業務**などだ（同法4条）。

A君

やっぱり、派遣禁止業務があるんですね。派遣だと弊害が生じる業務ってことなんでしょうね。ところで、派遣会社は、やりたければ勝手に設立できるんですか？

先生
いや、派遣会社が派遣を業として行うには、厚生労働大臣の**許可**が必要になる（同法5条）。

A君
ああ、そういえば、テレビでやっていました。派遣会社のチラシに許可番号が載ってない、もぐりの業者だって。その許可のことだったんですね。

先生
そういうことになるね。そして、派遣期間については、事業所単位と派遣労働者単位の2種類の制限がある。まず、事業所単位についてだが、**同一事業所**での派遣の受け入れは、**原則3年まで**とされている（同法40条の2第2項）。派遣先が、その会社の過半数代表に意見聴取を行えば、さらに、3年延長することができる（同条3項・4項）。次に、派遣労働者単位につ

図表10

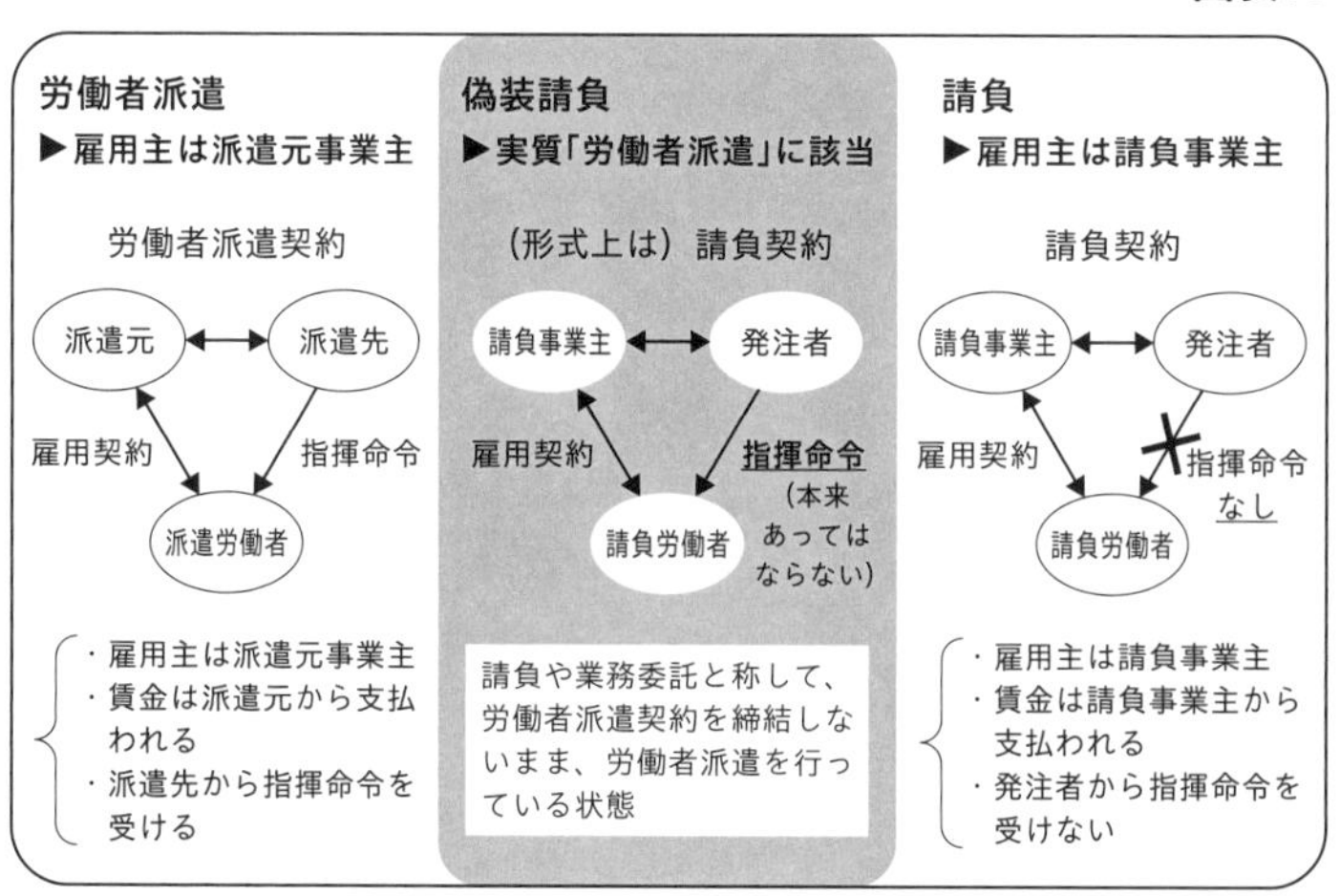

『政策レポート（労働者派遣制度について）』（厚生労働省）を基に作成

いてだが、**同一の派遣労働者**を、派遣先の事業所における同一の組織単位（例えば「課」）に対し派遣できる期間は、**原則3年まで**とされる（同法40条の3）。だから、例えば、人事課で3年働かせた後、総務課で3年働かせるっていうのは、組織単位が変わるので問題はない。

A君

派遣という制度が、暫定的な利用を前提としているってことなんでしょうね。

先生

こういった派遣期間の制限は、例外的に、派遣会社に無期雇用されている派遣労働者、つまり、派遣会社に正社員として雇われている人、60歳以上の人、有期プロジェクト業務に就く人などには適用されないことになっているがね。

A君

ところで、そうした派遣法の規制に違反した違法派遣が行われた場合はどうなるんですか？

先生

派遣会社については、派遣禁止業務に従事させたり、許可を受けないで労働者派遣を行った場合には、罰則（1年以下の懲役又は100万円以下の罰金）が科されることになる（同法59条1号・2号）。そして、派遣先については、派遣先が、違法派遣であるという認識がなくて、かつ、認識していなかったことに過失（落ち度）がなかったような場合でない限り……まあ、公布されている法律を知らなかったとはいえないことになっているから、そのような場合はほとんどないと思われるがね……**違法派遣**を受け入れた時点で、派遣労働者に対し、派遣会社における労働条件と同じ内容で、**直接雇用申込み**をしたものとみなされることになるんだ（同法40条の6第1号・2号・3号・4号）。あと、偽装請負の場合も、この**直接雇用申込みみなし**の対象になる（同条5号）。

偽装請負って、よく耳にしますよね。派遣との違いは何ですか？

さっきの図表10をもう一度見て欲しい。請負とは、請負会社が雇用する労働者を発注社（就労先）で働かせるわけだが、派遣と違って、労働者が就労先からの指揮命令を受けることはないんだ。でも、形式的に請負契約とされながらも、実際には、**就労先が**労働者に**指揮命令**を出している場合がよくある。これを**偽装請負**という。請負には、派遣のような法規制がないから、偽装請負が横行してしまうんだ。ただ、偽装請負の場合、直接雇用申込みみなしの対象になるには、違法派遣を受け入れていた就労先（派遣先）が法律適用を免れる目的で違法派遣を行っていた場合でないとダメなんだ。

法律の規制を免れる目的だったかどうかって、他人が知るのは難しい気がしますが。

それに関する裁判例として、日常的かつ継続的に偽装請負等の状態を続けていたことが認められる場合には、特段の事情がない限り、偽装請負等の状態にあることを認識しながら、組織的に偽装請負等の目的としていたと推認するのが相当だとした事例がある（東リ事件・大阪高裁令和3年11月4日）。

A君　なるほど。そういう事情があれば、その目的をもっていたと推認されるんですね。

先生　まあ、主観的意思はわかりづらいからね。そうやって推認できるとしたのは、妥当な判断だと思うよ。そして、**派遣労働者**が、**申し込みみなし**がなされた日から**1年以内**に、この**申込みを承諾**することにより、**派遣労働者は派遣先に直接雇用された労働者**となる。

A君　自動的に直接雇用になるんじゃなくて、派遣労働者の承諾の意思表示が要るんですね。

先生　この点は重要だよね。ちゃんと知っておかないとね。では、そのほかの規制として、派遣労働者について、基本給・賞与などの待遇につき不合理な相違を設けてはいけないことになっていて、原則として、派遣先に雇用される通常の労働者との間で派遣労働者の均等・均衡待遇の実現を図る必要があるとされているんだ（同法30条の3第1項）。

A君　え？　派遣先の労働者たちの賃金って、派遣会社が雇っているわけじゃない他社の労働者の賃金ですよね。そんなの把握するなんて、無理なんじゃないですか？

先生　そうだよね。そんなの普通わからないよね。そこで、例外として、派遣元が労使協定（↓

Ｐ21）で同種業務の一般労働者の平均的な賃金額（厚生労働省令で定めるもの）以上である賃金額など一定の水準を満たす待遇を決定することができるとしている（同法30条の4）。多くの派遣契約では、この方式がとられている。

A君

そうですよね。それしかないですよね。ところで、さっきの派遣切りのお話ですが、派遣会社と派遣先との派遣契約が解除された場合、一定期間働くことが予定されていたとしても、派遣労働者は、期間途中でクビにされてもしょうがないんでしょうか？

先生

そんなことはない。さっき言ったように、派遣会社は、派遣労働者の雇用主ということになるから、派遣会社が、派遣労働者を契約期間途中で解雇する場合には、民法628条や労契法17条上の「やむを得ない事由」（↓Ｐ285）がないとダメだし、かつ労基法20条の30日前の解雇予告（↓Ｐ268）が必要になってくる。

A君

前にやった期間の定めのある契約の契約途中の解雇と同じということですね。

先生

そうだね。だから、派遣会社は、就業機会の確保を図ろうとしなければならない。そして、その努力を怠った場合は、使用者の責に帰すべき事由による履行（就労）不能（民法536条2項）、つまり、使用者のせいで働けなくなったとされ、**派遣会社は、100%の賃金支払い義務**を負うことになる。派遣会社が、努力したにもかかわらず、新たな就業機会の確保ができないときには、労基法26条の休業手当（↓P72〜）として**平均賃金の60%を支払わなければならない**ことになる。

派遣会社は、派遣切りにあった人に対して、新たな派遣先を見つけようとしないと、賃金を100%払わなくちゃいけないんですか。見つけようとしたけれど見つからない場合には、60%ですか。結構厳しいんですね。派遣切りにあった人たちにそういう知識があったのかわかりませんけど、派遣会社にそういう義務があるって、わりと知られていませんよね。そういった情報を知ることは、とても重要ですね。

第16章

労使トラブルを解決するために

個別的労働関係紛争処理システム
—労基法違反・労働契約をめぐる紛争の解決

先生

労働基準監督署への申告制度

労基法上の規制のほとんどには、違反に対する罰則が定められている（労基法117条以下）。**労基法違反**があった場合、労働者には、会社に伝えることなく、直接**労働基準監督署に申立て**を行う権利がある。この権利の行使については、使用者は解雇その他の不利益取扱いをしてはならないことになっている（同法104条）。実際、労働基準監督官による未払残業代の摘発などは、労働者の申告が発端となっていることが多い。労働基準監督官には、臨検・尋問等の権限が与えられ（同法101条等）、司法警察官の職務を行うことができることとされていて、非常に強い権限が認められている（同法102条）。

A君

労基法に違反していると思ったときは、労働基準監督署に申立てればいいんですね。

先生

個別労働関係紛争の解決の支援

そう。だけど、それは、労基法に違反する行為があった場合に限られるから、そうでない場合、例えば、個々の労働者と使用者との間の労働契約法をめぐる紛争だと、労基法違反ではないので、労働基準監督署では対処できないんだ。そこで、そういった**労働契約をめぐる紛争**を解決する制度が構築されるべきではないかという議論が、20世紀末ごろ盛んになされるようになって、そして、制定されたのが、２００１年の**個別労働関係紛争解決促進法**なんだ。

A君

労働契約をめぐる紛争っていうと、賃金を払ってもらえないとか、人事上不当な扱いを受けたとか、突然クビにされたとか、そういったトラブルですよね。確かに、そういう場合、どこを頼って解決したらいいのかって、よくわからなくて、結局、泣き寝入りなんてことになってしまいがちですよね。そのあたりの解決方法を知ることは重要ですね。

先生

現在、この法律によって、費用がかからず、簡単で迅速・適正な解決が図られるようなシステムが構築されている。ちょっと図表11を見て欲しい。相談窓口として、**都道府県労働局**が、管轄地域の各所に、総合労働相談コーナーを設け、ワン・ストップサービスで、広く労働関係に関する相談に応じている。そこでは、単なる知識不足の場合には、情報を提供してくれるし、法令違反の場合には、所轄の行政機関を教えてくれるなど、紛争解決のためどう動いたらよいかについて、教えてくれる。

まずは、ネットとかでどこにあるか調べて相談するということですね。

そういうことだね。そして、**都道府県労働局長**は、解決のための援助を求められた場合には必要な**助言**又は**指導**を行うことができる（個別労紛法4条1項）。事業主は、労働者が紛争解決の援助を求めたことを理由とする不利益取扱いをしてはならないとされている（同条2項）。また、紛争の当事者である労働者または事業主、あるいは双方からあっせんの申請があり、都道府県労働局長が必要と認めた場合、**紛争調整委員会**が**あっせん**を行うことになる（同法5条以下）。そのほか、集団的労使紛争解決のために各都道府県に設けられた行政委員会である労働委員会（↓P3

図表11

都道府県（労政主管事務所・労働委員会等）労使団体における相談窓口

↕ 連携

〈都道府県労働局〉

→ 総合労働相談コーナー
・労働問題に関する相談
・情報の提供
↓
ワンストップで対応

→ 紛争解決援助の対象とすべき事案

→ 都道府県労働局長
→助言・指導

→ 紛争調整委員会
→あっせん委員（学識経験者）によるあっせん・あっせん案の提示

労働基準監督署
公共職業安定所
雇用均等室
→法違反に対する指導・監督等

『平成16年度個別労働紛争解決制度施行状況［別添5：個別労働紛争解決システムのスキーム］』（厚生労働省）を基に作成

38）も、東京などの一部の地域を除いて、個別労働関係紛争の解決の支援を行っている（同法20条1項）。

A君
裁判所に訴えて訴訟を起こすというのは、敷居が高いですもんね。そういう方法を取らずに、解決できるとしたら、労働者にとってはありがたいですよね。

先生
本当にそうだよね。ところで、均等法、障害者雇用促進法、パート・有期法、育児介護休業法の紛争については、個別労働関係紛争解決促進法の定める助言・指導ではなく、これらの法律の定める都道府県労働局長の助言・指導、そして勧告の制度が適用になる。また、個別労働関係紛争解決促進法に類似したものだが、同法には規定されていないようなものも定められたりしている。

A君
それぞれの事情に即した定めになっているってことなんでしょうね。

先生
いずれにしても、都道府県労働局に確認してみるということを覚えておく必要があるということだね。

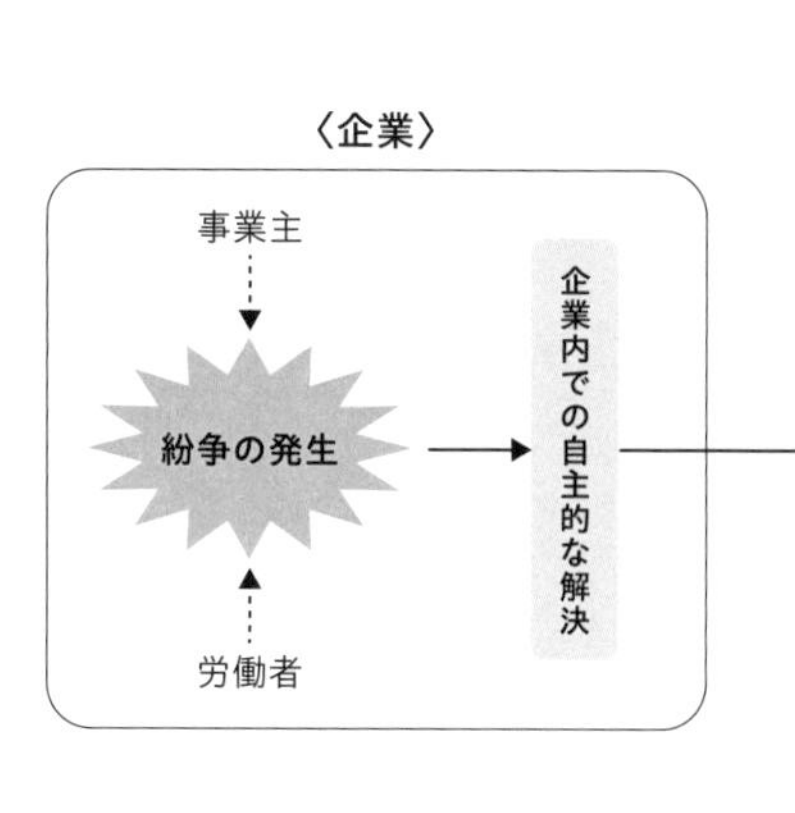

A君

将来のトラブルに備える意味でも、そういう手段を知っておくことは、重要ですね。

先生

労働審判制度

以上は、行政部門が対応するものだが、**司法部門**が対応する制度も設けられている。**労働審判制度**だ。これについても、図表12を見て欲しい。この制度は、地方裁判所において、裁判官である労働審判官1名、労働者としての知識経験を有する労働審判員1名及び使用者としての知識経験を有する労働審判員1名で構成する労働審判委員会で、迅速かつ簡便な方法によって紛争を解決することを目的とするものだ。裁判費用も通常の裁判ほどかからない。労働審判手続きは、労使当事者の一方による管轄を有する地方裁判所に対する申立てで開始する（労働審判法5条1項）。原則として**3回以内の期日**（同法15条2項）で、**調停が試みられる**ことになる。そこで、第1回目の期日の提出書類が極めて重要になってくる。そのとき提出する申立書は、争点などが明らかになるように作成し、その段階で証拠も揃えておくことが肝要だといえる。そういったものを本人が用意することも可能だが、そこは、やはり、素人には難しいよね。実際には弁護士の手を借りる人が多いようだ。そして、期日において**調停**が**成立**した場合には、紛争は解決されたものとして審理は終結され、調停調書が作成される。この調停調書の記載は、裁判上の和解と同じ効力をもつことになる。

A君 そこで、トラブル解決となるわけですね。じゃあ、調停が成立しなかった場合は、どうなるんですか？

先生 **調停の試みが失敗に終わった場合**は、労働審判委員会が多数決により（同法12条1項）紛争解決のための**審判**を行う。労働審判が当事者により受諾された場合には、裁判上の和解と同一の効力をもつことになる（同法21条4項）。

A君 では、労働者か使用者のいずれかが、あるいは双方が、その審判に不服があったらどうなるんですか？

先生 **労働審判に不服のある当事者**は、**労働審判**に対し、**2週間以内に異議**を申し立て

図表12

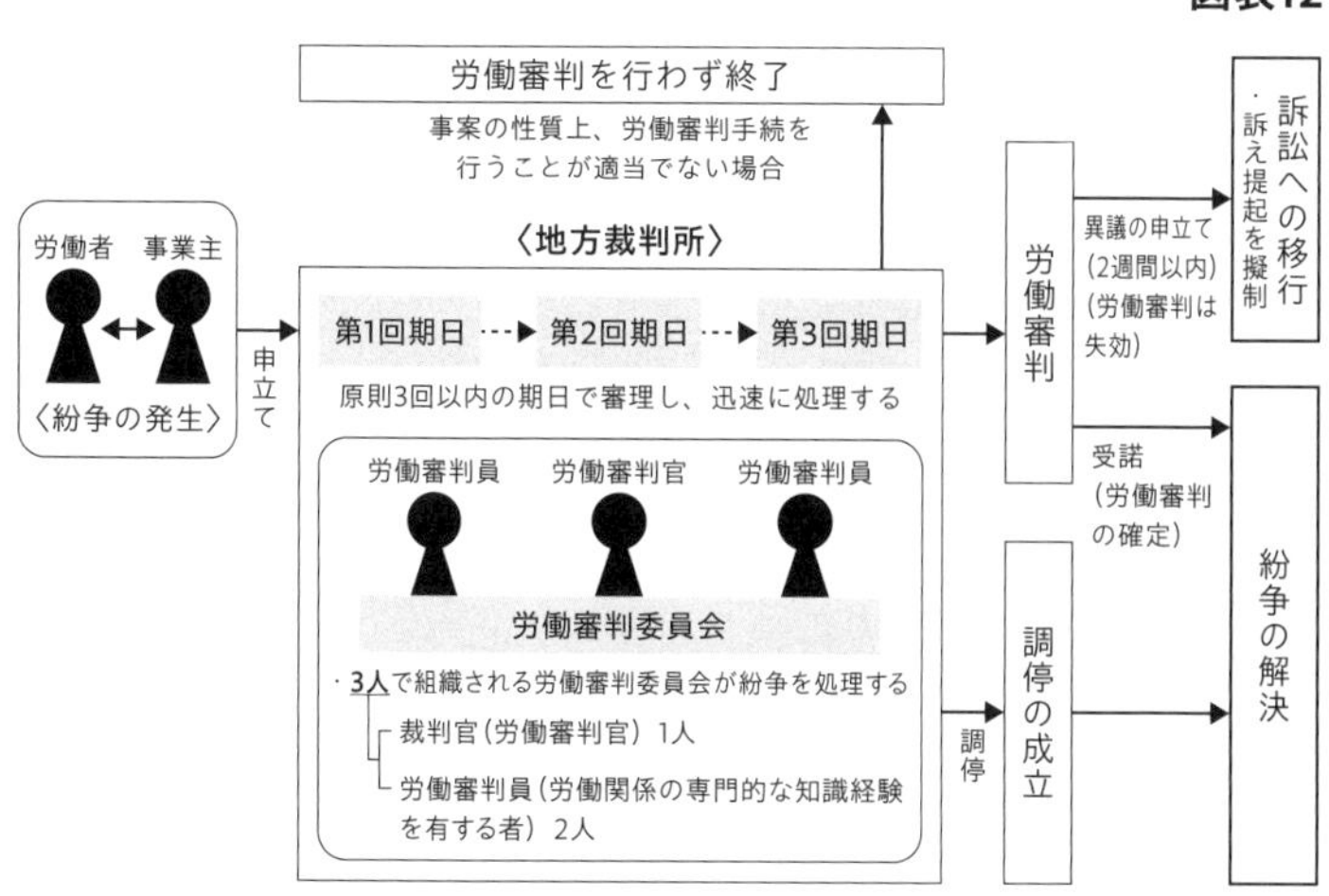

『労働審判法概要図』（司法制度改革推進本部）に基づき作成

れば、労働審判はその効力を失い（同法21条1項・3項）、**通常の訴訟に移行**することができる。この場合には、労働審判申立ての時に裁判所に訴えの提起があったものとみなされる（同法22条1項）。

A君

ああ、そこで、裁判ということになるんですね。裁判に至るまでに、迅速に解決が図られるように作られた裁判所による制度だということがよくわかりました。

先生

労働審判は、和解中心なので、金銭解決でいいという場合には向いている。もっとも、3回で終わるのが原則なので、争点が多く、立証に時間がかかるような事案にはあまり向いてるとはいえない。だから、そういう場合は、最初から通常の民事裁判となるのが普通だよね。

A君

事案によって、いろいろな選択肢があるということですね。

先生

まあ、紛争解決の選択肢が多いっていうことはいいことだよね。

legal knowledge

集団的労働紛争処理システム
―労働組合活動の支援

先生

最後に、集団的労働紛争処理システムについても触れておこう。最初のところで言ったことを覚えているかい？　労働者はひとりじゃ弱い存在だけど、団結することで、使用者と対等に交渉できる。それを後押しするのが、集団的労働関係法だってことを。

A君

確かに最初にやりましたね。そういえば、最近、テレビで、非正規雇用の人たちが、ネットなどを通じて自分たちで労働組合を結成したり、町のユニオンに加入して、使用者に団体交渉を求めたりするということを取り上げる番組をやっていました。インタビューに応じた青年が、「ひとりじゃ交渉できないけど、何人かで会社に掛け合って、会社に非を認めさせることができてよかった」と語っていましたし、「団結権とか団体交渉権とか、憲法に規定されている人権だって、昔学校で習ったことがあったけど、それが、こんな形で役に立つなんて思っていなかった」とも言っていました。労働者が団結するなんて、なんかすごく古めかしい感じがしていましたけど、今、そういう形で見直されているんですね。ところで、労働組合って勝手に作ればそれで法的保護を受けられるも

のなんですか？

先生

いや、**労組法上の労働組合**であるためには、それなりの要件を満たす必要がある。労組法2条によると、労働組合とは、①労働者が主体となって、②自主的に、③労働条件の維持改善その他経済的地位の向上を主たる目的として、④組織する団体又はその連合団体と定義されている。それと同時に、同法5条2項が定める民主的要件が満たされていなければならず、労働委員会に組合規約などの証拠を提出して組合が民主的に運用されていることを立証することが必要になる（労組法5条1項）。そうなると、**法適合組合**として、労組法が規定する**不当労働行為**の**行政救済制度**の利用が認められることになるんだ。

A君

不当労働行為の行政救済制度って、具体的にどういったものなんですか？

先生

労働委員会が行う行政救済のことだ。労働委員会というのは、各都道府県に設けられている行政委員会で、労働法学者など労働法制や労使関係に造詣（ぞうけい）の深い公益委員と、労働組合から選出される労働者委員、使用者団体から選出される使用者委員の3者構成になっている。そして、労組法7条には、労働組合の自主的な活動を妨げる使用者の行為として、**不利益取扱い**（1号）、**団体交渉拒否**（2号）、**支配介入**（3号）、などが列挙されており、使用者がこれらに該当する行為をした場合、労働委員会の救済を受けることができるというものだ。

A君　そういえば、さっき言った番組で、組合の人が、使用者に、「団体交渉を拒否すると不当労働行為になりますから」と伝えるシーンがありました。そういうことを意味していたわけですね。ところで、不利益取扱いというのは、組合員ってことで不利益な取扱いをすることですよね。支配介入っていうのは、どういう行為のことをいうんですか？

先生　使用者の息のかかった者に組合結成を促したり、組合の弱体化を狙って組合からの脱退を勧奨したり、組合の活動を不当に禁止したり妨害したりするなどの行為が、支配介入に当たる。また、組合運営への経理上の援助なんかもこれに当たるとされている。

A君　なるほど。じゃあ、行政救済としては、どんなものがあるんですか？

先生　労働委員会は、その裁量により個々の事案に応じた適切な是正措置を決定し命令することになる。具体的には、**原職復帰**（元の仕事に復帰させる命令）、**バックペイ**（不利益取扱いがなければ得られたであろう賃金相当額の支払い命令）、**団交応諾命令**、**誠実交渉命令**、**支配介入行為**を具体的に特定して**禁止する命令**、**ポストノーティス**（今後同様の行為を行わない旨の文書の掲示命令）だ。

A君 労働委員会の命令に不満があった場合、どうしたらいいんですか？

先生 まず、都道府県の労働委員会の命令に対しては、**中央労働委員会**に**再審査**の申立てをすることもできるし、直接**裁判所**に、命令の取消しを求めて**訴訟を提起**することもできる。中央労働委員会の再審査命令に対しても、同様に裁判所に訴訟を提起することもできる。

A君 結局、裁判所へ行くことになるなら、最初からそっちでもいいんじゃないですか？

先生 裁判所というところは、争っている当事者の権利義務を確定するところで、白黒はっきり勝ち負けをつけるところなわけだ。これに対して、労働委員会は、労使関係の正常化を図ることに主眼が置かれていて、広く裁量が認められているから、より良い労使関係を構築するためにちょうどよい落としどころを探り、救済命令の内容を柔軟に決定することができるんだ。それに、労働委員会は、さっき言ったように三者構成なので、それぞれの立場で当事者から本音を聞き出しやすいし、命令に至るプロセスにおいて労使に和解を試みることが多く、実際、多くの事件は、和解により解決されているんだ。裁判所で争って、ぎくしゃくした労使関係になるより、優れた解決法だと考えられているわけだ。

A君 なるほど。職場のトラブルについて、さまざまな解決システムが構築されていることが

先生

よくわかりました。

労働者が、働きやすい環境で働くことができるよう、法律上いろんな工夫がなされているということができるよね。

おわりに

はじめに申し上げましたように、本書は、労働法をわかりやすく解説し、「ああ、なるほど、そうだったのか、やっとわかった」と言っていただけることをただただ目指して執筆したものです。この目的が達成できたかどうかは、皆さんのご判断に委ねるしかないわけですが、筆者としては、それが達成できたであろうことを切に願うばかりです。

昨年、かつて教え子であった自由国民社編集部の伊藤宗哲さんから、執筆のご依頼を受け、最初は、お断りするつもりだったのですが、わかりやすい労働法の本作成の企画があがったとき、真っ先に筆者のことを思い出してくださったとのお言葉に、グッときまして、お引き受けすることにいたしました。

本書執筆にあたりましては、主だった体系書のすべてに目を通し、かつ、初学者向けに書かれた本が各テーマをどのように取り上げているのか参考にしました。また、たくさんの裁判例も読み込みました。本書執筆は、筆者にとりましても、とても得るところが大きい貴重な経験だったと思っております。このようなチャンスを与えてくださり、そして何よりも、的確なアドバイスをくださり、サポートしてくださった伊藤宗哲さんに心から感謝申し上げます。

そして、本書を手に取ってくださった読者の皆さん、本当にありがとうございます。

この本の中に、皆さんに少しでもお役に立つ何かはみつかりましたでしょうか？　これからも、働く中で、さまざまなトラブルに遭遇すると思います。そのとき、本書を取り出し、解決に役立てていただけるとしたら、それこそこの上ない喜びです。

最後にもう一つ、この本を読まれて、労働法にさらなる興味をもっていただけたら、長年労働法に携わってきた者としては、大変嬉しいことです。そのニーズにお応えすべく、本書執筆でも参考にさせていただきましたお薦めの労働法の教科書をここに紹介しておきましょう。

荒木尚志『労働法』（有斐閣）
浅倉むつ子・島田陽一・盛誠吾『労働法』（有斐閣アルマ）
小畑史子・緒方桂子・竹内（奥野）寿『労働法』（有斐閣）
菅野和夫『労働法』（弘文堂）
浜村彰・唐津博・青野覚・奥田香子『ベーシック労働法』（有斐閣アルマ）
水町勇一郎『労働法』（有斐閣）
森戸英幸『プレップ労働法』（弘文堂）
山川隆一『雇用関係法』（新世社）

2024年

砂押以久子

最高裁第2小法廷平成12年3月24日（電通事件）……215
最高裁第2小法廷平成12年3月31日（日本電信電話事件）……125
最高裁第1小法廷平成12年9月7日（みちのく銀行事件）……140
大阪高裁平成13年3月14日（全日本空輸（退職強要）事件）……167
東京地裁平成14年6月20日（S社事件）……240
最高裁第2小法廷平成15年4月18日（新日本製鐵（日鐵運輸）事件）……158
最高裁第2小法廷平成15年10月10日（フジ興産事件）……174
大阪高裁平成18年4月14日（ネスレ日本（配転本訴）事件）……155, 232
東京高裁平成18年6月22日（ノイズ研究所事件）……141
最高裁第2小法廷平成18年10月6日（ネスレ日本（懲戒解雇）事件）……190
東京地裁平成20年9月30日（ゲートウェイ21事件）……98
高松高裁平成21年4月23日（前田道路事件）……261
東京地裁平成21年10月15日（医療法人財団健和会事件）……261
福岡高裁平成23年3月10日（コーセーアールイー（第2）事件）……48
仙台高裁秋田支部平成24年1月25日（学校法人東奥義塾事件）……285
最高裁第1小法廷平成26年10月23日（広島中央保健生協（C生協病院）事件）……255
仙台高裁平成27年4月22日（七十七銀行〔女川支店〕事件）……213
名古屋高裁金沢支部平成27年9月16日（暁産業事件）……261
最高裁第2小法廷平成28年2月19日（山梨県民信用組合事件）……134
東京地裁立川支部平成29年1月31日（TRUST事件）……255
大阪地裁平成30年2月21日（日本郵便（大阪）事件）……314
最高裁第2小法廷平成30年6月1日（ハマキョウレックス事件）……313
東京高裁平成30年12月13日（日本郵便（東京）事件）……314
東京地裁令和１年12月12日（国・人事院（経済産業省））……242
大阪地裁令和2年7月20日（淀川交通事件）……241
最高裁第3小法廷令和2年10月13日（旧大阪医科大学事件）……314
最高裁第1小法廷令和2年10月15日（日本郵便（佐賀）事件）……313
最高裁第1小法廷令和2年10月15日（日本郵便（東京）事件）……313
東京高裁令和3年5月27日（国・人事院（経済産業省））……242
大阪高裁令和3年11月4日（東リ事件）……326
最高裁第3小法廷令和5年7月11日（国・人事院（経済産業省））……242

最高裁第1小法廷昭和57年10月7日（大和銀行事件）……78
最高裁第2小法廷昭和58年9月16日（ダイハツ工業事件）……188
最高裁第1小法廷昭和58年10月27日（あさひ保育園事件）……276
最高裁第3小法廷昭和58年11月1日（明治乳業事件）……184
最高裁第2小法廷昭和61年7月14日（東亜ペイント事件）……151
最高裁第1小法廷昭和61年12月4日（日立メディコ事件）……287
最高裁第１小法廷昭和62年4月2日（あけぼのタクシー事件）……284
最高裁第2小法廷昭和62年7月10日（青木鉛鉄事件）……218
最高裁第2小法廷昭和62年7月10日（弘前電報電話局事件）……124
最高裁第2小法廷昭和62年7月17日（ノース・ウエスト航空事件）……73
最高裁第3小法廷昭和62年9月18日（大隈鐵工所事件）……293
最高裁第1小法廷平成1年12月7日（日産自動車事件）……153
最高裁第1小法廷平成1年12月14日（日本セーリング事件）……128
最高裁第2小法廷平成2年11月26日（日新製鋼事件）……70
東京地裁平成3年2月25日（ラクソン等事件）……306
最高裁第1小法廷平成3年9月19日（炭研精工事件）……182
最高裁第1小法廷平成3年11月28日（日立製作所武蔵工場事件）……101
最高裁第3小法廷平成4年2月18日（エス・ウント・エー事件）……128
最高裁第3小法廷平成4年6月23日（時事通信社事件）……125
最高裁第2小法廷平成5年6月25日（沼津交通事件）……127
最高裁第2小法廷平成6年6月13日ほか（高知県観光事件）……93
横浜地裁平成7年3月24日（横浜セクシュアル・ハラスメント事件）……248
最高裁第3小法廷平成8年3月26日（朝日火災海上保険（高田）事件）……145
最高裁第2小法廷平成9年2月28日（第四銀行事件）……139
最高裁第1小法廷平成9年3月27日（朝日火災海上保険（石堂・本訴）事件）……144
東京地裁平成9年10月31日（インフォミックス事件）……50
東京高裁平成9年11月20日（横浜セクシュアル・ハラスメント事件）……249
最高裁第１小法廷平成10年4月9日（片山組事件）……165
最高裁第1小法廷平成10年9月10日（九州朝日放送事件）……152
大阪地裁平成10年12月21日（大阪セクシュアル・ハラスメント事件）……251
最高裁第2小法廷平成11年9月17日（帝国臓器製薬事件）……155
東京地裁平成12年１月21日
（ナショナル・ウエストミンスター銀行（3次仮処分））事件……276
最高裁第3小法廷平成12年1月28日（ケンウッド事件）……155
最高裁第1小法廷平成12年3月9日（三菱重工業長崎造船所事件）……83

労災認定 …… 205
労災保険給付 …… 199, 209
労災保険給付と民事損害賠償の調整 …… 216
労災保険制度 …… 31, 199
労災保険法 …… 199
労使委員会 …… 107
労使慣行 …… 38
労使協定 …… 21, 81, 86, 91, 106, 114, 126
労働安全衛生法 …… 194
労働委員会 …… 110, 332, 338
労働基準監督署長 …… 86, 106, 107, 110, 116, 117, 330
労働基準法（労基法） …… 17
労働協約 …… 36, 38
労働協約による不利益変更 …… 143
労働協約の拡張適用 …… 145
労働組合 …… 337
労働組合法（労組法） …… 16
労働契約 …… 25, 34, 36
労働契約の終了事由 …… 264
労働契約法（労契法） …… 17
労働契約をめぐる紛争 …… 331
労働時間規制の適用除外 …… 97, 111
労働市場法 …… 17, 19
労働者 …… 14, 29, 30
労働者派遣 …… 321
労働条件の明示義務 …… 42, 316,
労働審判制度 …… 334

わ行

ワーキングプア …… 65
ワークライフバランス …… 156
割増賃金 …… 90, 92
割増賃金の定額払い …… 93

判例索引

最高裁第2小法廷昭和31年11月2日（関西精機事件） …… 69
最高裁第1小法廷昭和35年7月14日（小島撚糸事件） …… 94
最高裁第2小法廷昭和37年7月20日（米軍山田部隊事件） …… 282
最高裁第3小法廷昭和43年3月12日（小倉電話局事件） …… 68
最高裁第3小法廷昭和43年5月28日（伊予相互金融事件） …… 58
最高裁第3小法廷昭和43年12月24日（日本電信電話公社事件（千代田丸事件）） …… 27
最高裁第１小法廷昭和44年12月18日（福島県教組事件） …… 69
最高裁大法廷昭和48年12月12日（三菱樹脂事件） …… 54
最高裁第1小法廷昭和49年7月22日（東芝柳町工場事件） …… 286
最高裁第3小法廷昭和50年2月25日（自衛隊車両整備工場事件） …… 215
最高裁第2小法廷昭和50年4月25日（日本食塩製造事件） …… 24, 267
最高裁第2小法廷昭和52年8月9日（三晃社事件） …… 76
最高裁第2小法廷昭和54年7月20日（大日本印刷事件） …… 45
最高裁第3小法廷昭和56年3月24日（日産自動車（男女別定年制）事件） …… 235

手待ち時間 …… 85
転勤 …… 148
転籍 …… 149, 163

な行

内部告発 …… 186
名ばかり管理職 …… 97
妊娠・出産 …… 223, 253, 256
妊娠中の軽易な業務への転換 …… 254, 255
年次有給休暇（年休） …… 122
年俸制 …… 71

は行

パート・有期労働者 …… 309, 310
パート・有期労働法 …… 309
パート労働者 …… 308
パート労働法 …… 308
賠償予定の禁止 …… 291
配置転換（配転） …… 148, 150
配転命令権 …… 150
配転命令権の濫用 …… 153, 232
派遣切り …… 321, 327
派遣禁止業務 …… 322
派遣の直接雇用申込み …… 325
働き方改革 …… 87, 100, 195
パパ・ママ育休プラス …… 226
パワー・ハラスメント（パワハラ） …… 258, 260
比較衡量 …… 137
引き抜き …… 305
非正規雇用 …… 308
秘密保持義務 …… 28, 186, 302
付加金 …… 95
副業・兼業促進政策 …… 118
復職 …… 165
複数業務要因災害給付 …… 210
複数の会社で働く労働者 …… 118, 208
パート・有期労働者の不合理な労働条件の格差の禁止 …… 309, 312
付随義務 …… 28
不正競争防止法 …… 302
不当労働行為 …… 16, 338
不法行為 …… 211
フレックスタイム制 …… 117
紛争解決 …… 332, 335
紛争調整委員会 …… 332
平均賃金 …… 61
変形労働時間制 …… 114
法定労働時間 …… 80
法適合組合 …… 338
ポジティブ・アクション …… 236
母性保護 …… 220, 222
本採用拒否 …… 54, 55

ま行

毎月１回以上・一定期日払いの原則 …… 71
マタニティ・ハラスメント（マタハラ） …… 253
未組織労働者の労働条件の不利益変更 …… 144
無期転換 …… 309, 317
メンタルヘルス …… 197

や行

雇止め …… 264, 286, 288, 309
やむを得ない事由の解雇 …… 285, 290, 327
諭旨退職（諭旨解雇） …… 179

ら行

リストラ …… 274
留保付解約権の行使 …… 56
療養補償給付 …… 200
労基法上の労働時間 …… 83
労基法上の労働者 …… 200

就労始期付解約権留保付労働契約 …… 46, 50
就労請求権 …… 166, 172
出勤停止 …… 178
出向 …… 148, 157
出向の場合の労働関係 …… 160
障害補償給付 …… 200
試用期間 …… 53
使用者 …… 14
使用者責任 …… 250
使用者の責に帰すべき事由 …… 72, 74, 280, 327
少数組合の労働条件の不利益変更 …… 146
傷病休職 …… 164, 165, 264
賞与 …… 77, 312, 314
職業安定法（職安法） …… 17
職業選択の自由 …… 303, 305
職種限定 …… 151, 156
職場環境配慮義務 …… 250
職場規律違反 …… 183, 271, 272
職場規律遵守義務違反 …… 184
職務懈怠 …… 182
女性差別撤廃条約 …… 235
所定労働時間 …… 80
人事異動 …… 148
深夜労働 …… 90
ストレスチェック制度 …… 197
誠実義務 …… 28, 186
誠実交渉命令 …… 339
性的嫌がらせ …… 251
性的少数者 …… 240
整理解雇 …… 50, 271, 274
整理解雇の人員削減の必要性 …… 275
整理解雇の被解雇者選定の合理性 …… 276
生理日休暇 …… 220
セクシュアル・ハラスメント（セクハラ） …… 236, 246
積極的差別是正措置 …… 236
専門業務型裁量労働制 …… 106
即時解雇 …… 180, 266, 268
損害賠償請求 …… 212

た行

退職勧奨 …… 295
退職金 …… 58, 76, 314
退職金の減額・不支給 …… 180, 305
退職金の算定基礎年数 …… 162
退職願の受理 …… 293
退職願の撤回 …… 292
退職の事由についての証明書 …… 300
男女雇用機会均等法 …… 235
団体交渉 …… 16, 19, 338, 339
地域別最低賃金 …… 64
注意義務違反 …… 212
中央労働委員会 …… 340
中間収入の償還・控除 …… 282
中途採用の採用内定取消 …… 50
懲戒解雇 …… 180
懲戒権濫用 …… 188
懲戒事由 …… 181
懲戒処分 …… 174
懲戒処分の種類 …… 177
調停 …… 334
賃金支払い確保法 …… 96
賃金請求権の消滅時効 …… 60
賃金の全額払いの原則 …… 68
賃金の調整的相殺 …… 69
賃金の直接払いの原則 …… 67
賃金の通貨払いの原則 …… 66
通勤災害 …… 206, 208
定年 …… 264, 296

業務起因性……201, 203, 210
業務災害……201, 206
業務上の過重負荷……204
業務上の疾病……203
業務上の負傷・疾病の療養のための休業する期間……269
業務命令違反……183
均衡待遇……311
金銭賠償……280
均等待遇……234, 310
均等法……235
勤務間インターバル制度……112
勤務地限定……151, 156
経営上の必要性に基づく解雇……274
計画年休……126
継続雇用制度……296
契約更新……286, 287
経歴詐称……181
結婚退職制……234
減給……178
健康管理時間……111
健康診断……194
健康配慮義務……214
健康福祉確保措置……108, 112
けん責……177
合意解約……264, 291, 292
合意による相殺……70
公益通報者保護法……187
降格……179, 254
公序良俗違反……234
高度プロフェッショナル制度（高プロ）……110, 196
高年齢者雇用安定法（高年法）……296
子の看護休暇……229, 230
個別的労働関係紛争……330
個別的労働関係法……17, 19
個別労働関係紛争解決促進法……331

さ行

災害性……201
在宅勤務……104, 169, 172
最低基準効……36, 132
最低賃金……62, 64
債務不履行……211
採用内定取消……44
採用内々定……47
裁量労働のみなし制……105
36協定……86, 101
差別禁止事由を理由とする解雇……269
産後パパ休暇……227
産前産後休業……220
時間外労働……86, 90, 228
時間外労働義務……101
時間外割増賃金……95
指揮監督下の労働……31
時季指定義務……126
時季指定権……123
時季変更権……124
指揮命令権……27
支給日在籍要件……77
事業場外労働のみなし制……103
辞職……264, 290, 294
私生活上の非行……184
自宅待機命令……179
支配介入……338, 339
就業規則……34, 38, 143
就業規則による不利益変更の合理性審査……136, 141
就業規則の不利益変更への合意……133
集団的労働関係法……16, 19, 337
集団的労働紛争……337

事項索引

あ行

ILO（国際労働機関）……129
あっせん……332
安衛法……194
安全配慮義務……28, 212
育児介護休業法（育休）……225
育児休業……225
育児休業給付金制度……225
育児時間……220, 221
育児のための勤務時間の短縮措置……228
育児を行う労働者の深夜労働の免除……228
医師による面接指導……100, 108, 195, 197
遺族補償給付……200
1か月単位の変形労働時間制……114
1週間単位の変形労働時間制……116
1年単位の変形労働時間制……116
一斉付与の原則……81
一定期間における解雇の禁止……269
一般的拘束力……145
違法解雇……281
違法な時間外労働……94
違法派遣……325
請負……325
営業秘密……302
LGBTQ……240

か行

皆勤手当……313
解雇……222, 223, 238, 264, 266
解雇回避努力……276
解雇規制……267
介護休暇……231
介護休業……230
戒告……177
解雇権濫用法理……267, 270, 287
解雇事由……270
介護補償給付……200
解雇予告……61, 267, 268, 327
解雇理由証明書……300
解約権留保付労働契約……54
家族手当……58
過半数代表者……21
仮眠時間……85
過労死……204
過労自殺……205
過労死ライン……88, 204
間接差別……238
管理監督者……97
企画業務型裁量労働制……106
期間途中での解雇……285
企業秩序……175, 182
偽装請負……325
起訴休職……164, 167
希望退職……276
基本給……312
休業手当……61, 72, 328
休業補償給付……200
休憩……81
休憩途中付与の原則……81
休憩の自由利用の原則……81
休日……82
休職……164, 165 ,264
給付基礎日額……209
競業企業に対する差し止め……304
競業避止義務……28, 303
強行法規……20

プロフィール

砂押 以久子（すなおし いくこ）

略　歴

立教大学大学院法学研究科博士課程単位取得後、日本労働研究機構（現 労働政策研究・研修機構）研究員、放送大学、立教大学大学院法務研究科、東洋大学法科大学院、駿河台大学法科大学院、公益法人全国労働基準関係団体連合会等における講師を経て、立教大学、法政大学、東京女子大学、武蔵大学にて教鞭をとる。

専攻は、労働法。国内の学会及び国際会議において、比較法的観点から労働者のプライバシーなどの問題について発表し、また、NHKBS1『電脳社会のマナーとルール』シリーズに出演するなど、個人情報の取扱いをめぐる職場の問題を専門とする。

活動実績

・厚生労働省委託による財団法人社会経済生産性本部「企業における労働者の個人情報管理実態調査」委員、厚生労働省委託による日本産業衛生学会・理事会小委員会(労働衛生法制度研究会)「健康管理手帳制度の創設に関わるプライバシー問題等を検討するためのワーキンググループ」委員、経済産業省委託による三菱総研「情報セキュリティ関連法律上の要求事項検討WG」委員、経済産業省委託によるIPA 独立行政法人 情報処理推進機構「中小企業の情報セキュリティ」委員、厚生労働省による「ストレスチェック制度にかかわる情報管理及び不利益取扱い等に関する検討会」委員などを歴任。

主な執筆実績

・「フランスにおける労働者の個人情報保護」日本労働法学会誌96号
・「職場のサイバー・サーベイランスと労働者のプライバシー」立教法学65号
・「情報化社会における労働者の個人情報とプライバシー」日本労働法学会誌105号
・「労働契約締結・履行過程における労働者のプライバシー保護」法律時報78巻4号
・「労働者のプライバシー保護」『Jurist増刊　新・法律学の争点シリーズ7　労働法の争点』
・「病院職員のHIV感染情報の病院内共有とプライバシー・個人情報保護法―社会医療法人A会事件」『平成27年度ジュリスト重要判例解説』
・「近時の法改正と労働者の個人情報の取扱い―改正個人情報保護法・マイナンバー法・ストレスチェック制度」季刊労働法253号
・‘The Legal Regulation of Disclosure of Personal Information of Employees or Prospective Employees to Employers or Prospective Employers in Japan’, Comparative Labor Law & Policy Journal, Volume 21, Number 4, pp.745-770（US）.
・‘Legal Regulation of the Disclosure of Information to Employees or Prospective Employees in Japan’, Comparative Labor Law & Policy Journal, Volume 22, Number 4, pp.585-610（US）.

教えて！ 働くなら知っておきたい法律の知識
—労働法講義

2024年３月18日　初版第１刷発行

著　　者　砂押 以久子

装丁・本文デザイン・DTP　（株）明昌堂

発 行 者　石井 悟
発 行 所　株式会社自由国民社
〒171-0033　東京都豊島区高田3丁目10番11号
電話　03-6233-0781（代表）
https://www.jiyu.co.jp/

印 刷 所　株式会社光邦
製 本 所　新風製本株式会社
編集担当　伊藤 宗哲